教育的情怀

李镇西　著

四川人民出版社

图书在版编目（CIP）数据

教育的情怀 / 李镇西著. -- 成都 : 四川人民出版社, 2025. 8. -- ISBN 978-7-220-13553-8
Ⅰ. G4-53
中国国家版本馆CIP数据核字第2025VD9479号

JIAOYU DE QINGHUAI

教育的情怀

李镇西　著

出 版 人	黄立新
责任编辑	母芹碧
版式设计	李其飞
封面设计	张　科
责任校对	陈　静
责任印制	周　奇
出版发行	四川人民出版社（成都三色路238号）
网　　址	http：//www.scpph.com
E-mail	scrmcbs@sina.com
新浪微博	@四川人民出版社
微信公众号	四川人民出版社
发行部业务电话	（028）86361653　86361656
防盗版举报电话	（028）86361653
制　　版	四川胜翔数码印务设计有限公司
印　　刷	四川华龙印务有限公司
成品尺寸	170mm × 240mm
印　　张	14
字　　数	183千
版　　次	2025年8月第1版
印　　次	2025年8月第1次印刷
书　　号	ISBN 978-7-220-13553-8
定　　价	58.00元

目录

情怀与智慧

校园与社会

守望与同行

童心与青春

情怀与智慧

用思想照亮思想，用激情点燃激情

用爱心滋润爱心，用个性发展个性

用梦想唤醒梦想，用创造激发创造

用浪漫缔造浪漫，用情趣营造情趣

用人格铸造人格，用心灵赢得心灵

让人们因我的存在而感到幸福

“让人们因我的存在而感到幸福”这句话，是我从20世纪80年代起，送给历届学生的“见面礼”。后来，它成了成都市武侯实验中学的校训。每周一的升旗仪式上，这句话都会从师生们口中呼出，响彻云霄。

我从来不相信一句话就能改变一个人，甚至改变世界。教育没那么简单。但深入灵魂的语言，有时候的确会产生潜移默化的影响，让人格散发出持久的芬芳。

一

刚当校长不久，有一次在校园里碰到一个男孩。他扑过来抱住我说：“李老师，我好崇拜您！”

我一愣：“为什么呀？”

小男孩仰着脸看着我，很认真地说：“我读了老师发给我们的《做最好的家长》，觉得李老师太了解我们了！”

开学不久，我买了几百本拙著《做最好的家长》送给初一的学生家长，没想到这小家伙也读了。

我问："这本书更适合你的爸爸妈妈看，他们看了吗？"

他的笑容消失了，摇摇头："没有。"

我说："今天回去告诉你的爸爸妈妈，说李校长要我转告你们，一定要读这本书。"

过了一个月，小男孩到办公室找我，很兴奋地说："李老师，我爸爸妈妈把您的书看完了。"

我乐了，问："你发现你爸爸妈妈有什么变化吗？"

他说："有啊。以前我考试没考好他们就骂我，有时还打我。这次我没考好，爸爸找我谈心，妈妈说相信我下次能够考好。"

又过了两年多，孩子毕业前夕来找我，给了我一封他爸爸写给我的信。

信不长，但其中有一句话让我感受到了自己的价值："李校长，是您教育我怎么当家长，我们一家人会永远记住您的话：让人们因我的存在而感到幸福！"

二

2013年6月9日，初三毕业典礼刚结束，就有孩子跑来和我合影。一群女孩子围上来，要我在她们的校服上签名。后来，许多男孩子也拥上来要我签名。于是，阳光下，我拿着笔在孩子们的背上、手臂上龙飞凤舞起来。

签名结束，走进办公室，看到桌上有一封信——

尊敬的李校长：

您好！

在毕业之际给您写这封信，是为了感谢您对我们无私的关怀。我至今还记得第一次踏进武侯实验中学时，您给我们讲的那一节课《一碗清汤荞麦面》。您告诉我们，做人要善良、要充满爱心。作为一个懵懂的孩子，您的话给了我启迪，在我人生的道路上给了我一个很好的指引。

今天，不再是刚入学的孩童，不再稚嫩，我们毕业了。即将告别这里，心中充满了不舍。我们会永远记住这里，记住在一个美丽的校园里，曾有一群活泼、天真的孩子逐渐成长为坚强、勇敢的少年，有一位慈祥、可爱的校长给予了这群孩子人生的启迪，让他们沿着正直、善良的道路不断前行！

谢谢您，尊敬的李校长！谢谢您，尊敬的李老师！我们一定会永远记住您对我们说过的话：让人们因我的存在而感到幸福！

您的学生：王瑞

2013年6月9日

读着这样的文字，我无法不感动。

今天我记起这件往事，不禁在心里想，王瑞同学现在在哪里呢？算时间应该读大二了吧？

三

今天早晨，我来到办公室，打开电脑，登录微信，看到几段留言——

李老师，我最近评了区上的名师优师，每个月（工资）多了700元。

我用这个奖励资助了两个贫困山区的学生，每个月都打钱给她们。

为什么跟您说呢，因为我一直在坚持，让人们因我的存在而感到幸福。

李老师您知道您对我的影响有多大吗？您改变了我的人生，我来自农村，能在武侯实验工作，是您给了我理想和信心，继而我才能在自己的专业领域有所发挥，才有今天，我只能以这样的方式来回报社会了。好了李老师，不打扰您了。

替我保密，祝您幸福安康。

一时间，我很感动。窗外是阴天，可眼前却明亮而温暖。

这位老师是武侯实验中学一名非常普通的老师，性格豪爽，工作敬业，正直善良。700元不算多，但对于凭工资吃饭的他，也是一笔不小的收入了。他的这一举动，和我印象中的他完全吻合，我一点都不觉得奇怪。

虽然我已经退休不当校长了，但从他的这几段微信留言中，我再次感受到了我曾经做校长的意义。

他叫我保密，所以我不便透露他的姓名，但这件事我一定要公开说，我希望这一缕善良的阳光能够照亮更多人的心房。

以上所写，似乎微不足道。但一想到这些琐碎的往事，我便感到温馨，好像又回到了武侯实验中学的校园。

如何理解“过一种幸福完整的教育生活”？

“过一种幸福完整的教育生活”是新教育实验的使命。

这句话的含义是什么呢？我浅谈一下自己的理解。

“过一种幸福完整的教育生活”的完整表述应该是：“帮助新教育共同体成员过一种幸福完整的教育生活。”这里的“新教育共同体成员”，包括学生、教师、学生父母和教育行政管理人员等，当然主要还是教师和学生。

新教育实验的发起人朱永新老师曾经用教育的本体论、价值论和方法论对这句话进行了阐释。

> 从本体论来说，教育是一种特殊的生活方式，这就是所谓的教育生活；从价值论来说，我们所追求的教育生活，应该是幸福而完整的、可持续发展的；从方法论来说，新教育主张通过营造书香校园等行动，不断研发、开展新教育项目，从而实现“过一种幸福完整的教育生活”这一使命。为什么要把“过一种幸福完整的教育生活”作为新教育实验的使命？这与新教育实验对教育与幸福、生活与生命的理解有关。

朱永新老师进一步解释，为什么要把“过一种幸福完整的教育生活”作为新教育实验的使命呢？这与新教育实验对教育与幸福、生活与生命的理解有关。他认为，第一，教育就是生活，而不是生活的准备；第二，教育生活是一种特殊的生活，即个体生命的成长生活，它并不限于学校的教育生活，而是也包括家庭和社区的教育生活，贯穿人生的始终；第三，这种特殊的教育生活应该是幸福的，这种幸福首先源于内心的宁静与精神的享受，源于精神和道德的完善；第四，这种特殊的教育生活在追求幸福的同时，还应该是完整的，即人格的完整、生命的完整和教育质量的完整，最后实现人的“全面和谐的成长”。一个完整的人，才是教育的最高境界。

朱永新老师概括道：“幸福，是目的方向；完整，是质量标准。幸福比成功更重要，成人比成才更重要，成长比分数更重要。教育的目的，不是成功，而是幸福；教育的质量，不是分数，而是成长。”

朱永新老师对“过一种幸福完整的教育生活”这句话内涵的阐述，无疑是最权威的。尤其是他所阐述的“幸福完整”的四点含义，很有说服力。

我想结合自己的体会，从“师”和“生”（暂时略去父母和学校行政管理人员）两个方面对这四点做些补充。

第一，教育的确就是生活。

对教师而言，应该把每天的教育当作生活本身的有机组成，而不是“八小时以内的工作”。下班以后，具体的教学事务没有了，但所见、所闻、所思、所做都和教育有直接或间接的联系，即所谓“教育生活化，生活教育化”。有了这样的理念，教师就会拥有一种积极主动的对教育生活的热情和投入，其教育状态就是生活状态，反之亦然。

对学生来说，其主要的精力都用于学习，大部分时间都在学校，但这种求知识、长技能的过程，正是他们的生活本身，而不是生活以外的“学习”。

如果说求知赋能是成长阶段的必修课，那么成长本身也就是生活。只是校园学习生活不是学生生活的全部，他们还有家庭生活和社会生活，这两种生活也充满教育意义。

第二，教育是一种特殊的生活。

对教师而言，这种生活的特殊性在于始终与儿童、青少年为伴，与他们的心灵世界相通，与他们心心相印，用陶行知的话来说就是："真教育是心心相印的活动，唯独从心里发出来，才能打动心灵的深处。"因此，这种生活既充满享受，又充满反思。前者是指被童心所感动，后者是指对工作的审视。

对学生而言，这种生活不完全是自发的，更非放任自流，而是有计划有步骤有目标的成长、学习（不仅仅是课内学习）。这当然不是说，孩子每一分钟都要被大人的"计划"占据，或者说孩子随时都要想到"学习"——这正是应试教育下孩子的状态，而是说，作为成长中的人，他应该要积极主动地生活而且全面地成长，并不完全是自然而然的。

第三，教育生活应该是幸福的。

对教师而言，如果教育生活不幸福，那么每一天都得忍受痛苦。幸福首先来自高度的职业认同，即这份职业是我发自内心的选择，而不是别人强加给我的，做自己愿意做的事，尽管当然会辛苦，但不会痛苦。教师的幸福还源于工作中的主动创造，而不是每天都重复着昨天的故事。因为创造所以超越，因为超越所以解放，因为解放所以幸福。

对学生而言，教育生活的幸福源于包括求知在内的主动成长，以及成长过程中的不断战胜自己。前文提到过，学生的生活不只是学校教育生活，但即使是校园学习生活，对于积极主动的投入者来说，任何合理的"压力"都是获得成长幸福的动力。当然，学生成长的幸福有赖于教育的"六大解放"，唯有"解放"才能给学生以幸福。

关于幸福，我特别想强调的是，无论对于教师还是学生，他们所感到的幸福都应该是全面的、丰富的、和谐的，而不是片面的、单一的、割裂的。

对教师而言，既有帮助学生求知的幸福，也有引领他们全面而快乐成长的幸福；既有看到学生成长的幸福，也有看到自己成长的幸福；既有教学目标实现的幸福，也有教育过程中的幸福；既有课堂上和孩子心灵对话的幸福，也有课余开发课程、写作记录乃至出版著作的幸福；既有和孩子一起在野外放风筝的幸福，也有周末和家人一起享受天伦之乐的幸福；既有教学大赛获得奖项的幸福，也有旅游、摄影、烹饪等个人爱好得以充分实现的幸福；既有今天享受教育时光而怦然心动的幸福，也有明天回眸教育人生而热泪盈眶的幸福……

对学生而言，教育更应该意味着全方位的幸福，而且是现在的幸福而不是将来的幸福。既然是全方位的、现在的幸福，那显然主要不是指吃得好穿得好，甚至也不仅仅是指成才以后谋得一份好职业以便过上好日子，而是孩子在学习和成长的过程中，不仅充分体验到求知的幸福、思考的幸福、自律的幸福、创造的幸福、成功的幸福，而且充分体验到来自全面发展的幸福，来自纯真友谊的幸福，来自温暖集体的幸福，来自野外嬉戏的幸福，来自少年天性纵情释放、青春激情肆意挥洒的幸福……

第四，教育生活应该是完整的。

对于教师而言，除了前文所说的获得完整的幸福，还包括在教育学生的同时，自己也获得了成长，拥有了完整的教育、完整的人格和完整的人生。真正的教育不是教师对学生的单向培养，而是师生之间的互相影响和成就。在与学生共同生活的过程中，教师的教育远不止抓分，更有育人；随着学生的成长，教师自身的能力、气质、性格、兴趣、理想、价值观等人格品质也得以完善，学识渊博、情感丰富、心理强大、身体健壮，进而拥有了健康高尚而又丰富多彩的完整人生。

对学生而言，教育生活的完整性体现于其身体、心理、品德、智慧、技能、审美等方面的和谐发展。学生教育生活的主旋律当然是学习与成长，但所谓“学习与成长”绝不是无休止的刷题和考试，而是着眼于现在和将来整个人生的全面素养的提高。当然，“全面素养的提高”并不意味着将学生培养成为“门门功课得第一”的“全能冠军”，而是帮助学生发现、发展和发挥其独一无二的禀赋，然后使其个性优势与综合素养达成一种和谐，最后成为最好的自己。

新教育实验提出“过一种幸福完整的教育生活”的使命，当然是有其原因的。目前，一些师生的教育生活既不幸福也不完整，这就是新教育实验提出“过一种幸福完整的教育生活”的现实针对性。

我还想特别指出，现在一提到“教育改革”，我们往往只想到为了孩子，所谓“一切为了孩子”“为了孩子的一切”“为了一切孩子”，却忽略了“一切为了教师”“为了教师的一切”“为了一切教师”。而新教育实验的抓手就是教师成长，而成长即幸福。当绩效工资无法改变，工作环境无法改变，教育对象无法改变，我们唯一能够改变的是我们自己的成长方式和精神状态。唉声叹气是一天，喜笑颜开也是一天，我们究竟应选择什么呢？当然是后者。而新教育实验，正是希望帮助老师体验到职业幸福，拥有完整的人生。

也许有人会认为，“过一种幸福完整的教育生活”确实令人憧憬，但这不过是一种理想化的梦想罢了，很难实现。

的确，教育的弊端和问题不是凭理想和热情就能在一夜之间根除的，但作为理想主义实践者的新教育人愿意一点一滴地为“中国教育改造”（陶行知语）而尽自己的力量。新教育实验实行二十三年来，要说所有参与新教育实验的师生都已经过上了幸福完整的教育生活，那肯定是吹牛。然而，尽管不是绝大多数却也绝非个别的新教育人通过“十大行动”而不同程度地改变了自己的教育，改善了学生的生活，或多或少获得了以前没有感到的幸福，并得到了相对完整的发展，进而刷新了自己的人生，这也是不争的事实。

只要行动，就有收获；只有坚持，才有奇迹。这是所有新教育人心中的共同信念。欲过一种幸福完整的教育生活，也需要这样的“行动”与“坚持”。

朱永新老师曾这样深情地说：

> 我们相信，经过新教育共同体的不懈努力，在不远的将来，新教育实验学校将培养出一群又一群长大的孩子。从他们身上，我们能清晰地看到：政治是有理想的，财富是有汗水的，科学是有人性的，享受是有道德的——这，就是新教育人孜孜以求的共同朝向。

对此，我只补充两句——教育是幸福的，成长是完整的。

真正的兴趣与勤奋无关

我经常被人视为“勤奋”的典范。

在许多人看来，我几十年来，带了一个又一个班，每天备课、上课，处理各种事务，还坚持写作，且出版了那么多的书……这不是“勤奋”是什么？

可我总是说：“兴趣而已，与勤奋无关。”

的确如此。

有人对“勤奋”的解释是“认认真真，努力干好一件事情，不怕吃苦，踏实工作”，还有人说“勤奋靠的是毅力，是坚持”。

我做我感兴趣的事，的确“认认真真”，也的确“努力”，但我从不觉得这是在“吃苦”，相反我其实很怕吃苦。

有人喜欢钓鱼，从早到晚，日复一日。你如果夸他“勤奋”，他会迷惑不解：“我做自己喜欢的事有什么勤不勤奋的？”

有人爱打麻将，连打几个小时都不觉得累。你如果夸他“勤奋”，他会莫名其妙：“不过是兴趣而已嘛！”

有人热衷于逛街，没事就往商店跑，哪怕并不买东西。你如果夸他“勤奋”，他会无比惊诧：“逛街和勤奋有什么关系？”

我有一个叫田精耘的朋友，热衷于发明。作为一名中学英语教师，他曾沉醉于发明英语教具。先是研究英语扑克，每天晚上回家就把自己关在房间里，对着一大堆扑克牌，尝试不同的字母组合。后来他又研究英语魔方，进入了在别人看来近乎“精神病疯狂发作”的阶段，家里到处都摆着魔方，桌子上、凳子上、茶几上、沙发上、灶台上、马桶上……连被窝里都有魔方。下班一回到家里，他便拿着魔方琢磨，一看就是一两个小时，有时候还把魔方放在电灯泡下面晃一晃，从不同的角度进行研究，老婆孩子都以为他病了，而且病得不轻。功夫不负有心人，最后，他成功地发明了英语扑克、英语魔方、英语围棋、英语麻将等诸多教具。

作为铁哥们，我也曾夸他“勤奋”，他却不以为然地说：“啥子勤奋哦，我就是感兴趣罢了！”

我知道，虽然田精耘的发明最后获得了国家专利，成果得以推广，但他在研究的时候，并没有把成功视为唯一目的，他就是喜欢琢磨，并沉醉其中，以此为乐，所谓“享受过程”。

因此，真正的兴趣是超越功利的。或者说，唯有“只管耕耘，不问收获”的爱好，才是真正的兴趣。

早出晚归钓鱼的人，不会因一条鱼都没钓到便垂头丧气，因为他根本就没有把钓鱼作为糊口手段。哪怕鱼篓空空，他照样吹着口哨回家。这就是兴趣。

把打麻将当爱好的人，不会因为打输了就不再打麻将，也不会把打麻将作为营利的途径——那样就叫赌博了。因为是娱乐，所以无论输赢，都乐呵呵的。这就是兴趣。

经常逛街的人，不会因为进商店逛了一圈什么都没买而垂头丧气，因为他进去的目的不在于买而在于逛。走出商店双手空空，内心却很愉悦，逛街的过程已经让他感到满足。这就是兴趣。

我喜欢拍照，后来又喜欢上玩无人机。一些照片和视频发到网上，也赢得过一些喝彩，还有朋友建议我去投稿。但我说："我拍照不是为了投稿，就是自娱自乐，最多在自己的公众号'镇西茶馆'发表。"一不为出名，二不为获利，拍照本身就是乐趣。这就是超越功利的兴趣。

我不否认，虽然有的兴趣最后会导向世俗的成功，但为了"成功"而"兴趣"则是假兴趣，这种假兴趣很难使我们走向真正的成功。

比如，13岁的管谟业因不可抗因素而中断五年级的学业，但他因为喜欢写作，就不停地写呀写。当时就是没事做，消磨时间，毫无功利地写，就是我前面所说的"只管耕耘，不问收获"。结果这么感"兴趣"了几十年，最后他以"莫言"为笔名写的作品获得了诺贝尔文学奖。我想，如果13岁的管谟业一门心思冲着诺贝尔文学奖去写作，那他可能早就放弃了。

我工作之初，教育环境相对宽松，教师的工作也比较单纯，没有各种乱七八糟的"负担"。但我给自己找了许多事儿，换句话说，我给自己增加了许多"工作负担"：带学生出去活动，挨家挨户家访，每天晚上给学生写信，搞语文课堂教学改革，每周请学生到我家吃饭，组织学生与其他城市的友谊班互访，设计班徽并联系厂家制作，修改歌词并请人创作班歌……应该说，与教一个班的语文并担任班主任（这是当时的"标准工作量"）相比，我给自己加的工作量是惊人的。而且做这么多事，是没有丝毫报酬的，也不会得到学校的任何表扬或奖励，因为我做的好多事，学校也不知道。

但我自己心甘情愿啊！因为那是我的兴趣。

现在，我退休好几年了，但依然没有脱离教育，依然在各新教育实验区奔波，还带了"李镇西博士工作站"的学员们，阅读、写作、上课、研讨、支教……我带学员也是没有丝毫报酬的，完全是做公益。许多朋友见我依然忙得不得了，问我在忙什么，我说“忙教育”。他们大为吃惊：“你不是退休了吗？”我说：“教育是我的兴趣，而兴趣是没有‘退休’这一说法的。你见过哪位喜欢逛街的同志退了休就不逛街了？”

说我“勤奋”的人根本不知道，我对不感兴趣的事，一点都不勤奋，比如钓鱼、打麻将、逛街……

所以，真正的兴趣无关勤奋，无关功利，无关年龄。

应该怎样给学生说真话？

最近，安徽省某中学举行了一场有关感恩的主题演讲，邀请了一位大学教授发表讲话。据媒体报道，该教授“输出的价值观大多和功利性相关，其中不乏一些低俗的内容”，包括“同学们读书就是为了钱”等话语。

这番话不但在现场引发强烈反应，在网络上也争议不断。

对此，我也谈谈自己的想法。

一个孩子读书究竟是为了什么？这是一个千古话题，至今没有统一的答案。

北宋第三位帝王宋真宗赵恒在其《劝学诗》中说得文雅而直白：书中自有千钟粟，书中自有黄金屋，书中有女颜如玉，书中车马多如簇。总之，他认为读书是为了个人的荣华富贵。

赵恒写《劝学诗》的时候已经是帝王了，他说的是真话，因为这是他作为皇帝的现身说法。

九百多年之后，周恩来说：“为中华之崛起而读书！”

他说这话的时候只有十二三岁。少年周恩来说的也是真话，因为面对校长“你为什么而读书”的问题时，他说的是自己发自内心的愿望。

时代在发展，我们的读书目的不能仅仅停留在物质层面。尤其是作为社会人而非纯粹的生物人，任何一个公民都或多或少地承担着社会责任，因此个人读书与社会尽责相联系，便是很自然的了。

以今天某些人的眼光来看，少年周恩来那句“为中华之崛起而读书”过于高大上，但置身于当时那个强敌环伺、风雨如磐的环境，我们就不难理解，生活在受尽欺辱的中国，一个有着起码民族自尊的中国人，是多么渴望“中华之崛起”！从某种意义上说，为中华之崛起，就是为自己之崛起！

而实际上，个人价值与献身社会是一致的。17岁的马克思在其文章《青年在选择职业时的考虑》中写道：“在选择职业时，我们应该遵循的主要指针是人类的幸福和我们自身的完美。不应认为，这两种利益是敌对的，是互相冲突的，一种利益必须消灭另一种；人类的天性本来就是这样的：人们只有为同时代人的完美、为他们的幸福而工作，才能使自己也达到完美。”这话说得多好！这难道就不是真话？的确，我们不能认为个人价值追求与服务社会是矛盾的，一个人在完善自己的同时也在完善着社会；反之，一个人在完善社会的同时也在完善着自己。

由此看来，“读书是为了个人生活得更好”与“读书是为了国家强盛”是完全可以统一起来的。作为教师，我们应该给学生讲清楚这二者的统一。这也是真话。

因此，教师说真话没错，关键是说什么样的真话和怎样说真话。

一个老师，如果赤裸裸地给学生说“读书就是为了挣大钱、娶美女”，肯定是不对的。不对之处不在于“挣大钱、娶美女”，而在于将眼前所有学生将来无数的可能性都限定于“挣大钱、娶美女”这一种。我们的学生，由于个性、兴趣、天赋、机遇等的不同，将来有的可能是才华横溢、功勋卓著的国家栋梁，有的可能是业务精湛、爱岗敬业的建设人才，有的可能是默默无闻、自食其力的普通百姓……无论哪一种，首先都得穿衣吃饭、成家立业，都得“挣大钱、娶（嫁）美（帅）女（哥）”，但有了这一切之后呢？是不是还应该有更高的精神追求和社会责任？哪怕是一个每天早晨在路边炸油条的小哥或卖早点的大嫂，也不会仅仅满足于吃饱穿暖，毕竟我们是人而不是动物。

教育意味着明天与理想，还意味着人的精神解放与灵魂自由。因此，仅仅对学生进行低层次“挣大钱、娶美女”的读书目的的教育，不仅是对教育的扭曲，也是对人的亵渎。

有些教师，为了显示自己“接地气”，为了表现自己“不说大话套话”，便极为低俗地给学生大讲各种“生存之道”，以赢得廉价的喝彩与掌声。之所以这样，是因为他们的精神世界本就贫瘠不堪，他们的追求本就仅仅停留于物质享受。我们如果希望他们对学生进行真实而崇高的理想主义教育，岂非缘木求鱼？

如果我去给学生作关于读书目的的演讲，我会真诚地告诉学生——

首先，通过读书考上大学，找到工作养活自己，不但没错，而且必须。让自己不要成为父母的累赘，更不要成为社会的负担，就是我们对国家起码的贡献。

其次，有了基本的生活条件，应该在工作上有更高的追求，最好能够将职业转化为事业，有所思考，有所钻研，有所创新，这样不但能够给自己带来更优越的生活，而且能为社会贡献自己的才智。这个时候，你每天的劳作已经不仅仅是为自己的物质生活，也在客观上有利于他人、社会和国家。

最后，你可以在生活体面、家庭幸福、工作出色的基础上，超越世俗的名利，开阔视野，认识自己与国家、世界的关系。这时候，民族、国家乃至人类在你心中的地位必然更加崇高，你对自己各方面的潜力会有更多的信心与期待，对自己的人生价值会有更高远的目标。当你实现了自我的超越，你就为中华民族的崛起与人类文明的发展做出了应有的贡献。

我还会对同学们说，这三个阶段并非每一个人的人生必经之路。这要因人而异，因时而异。也许有少数同学能够到达第三步，可能多数同学终其一生也只能到达第二步，甚至有的同学只能做到第一步。不要紧的，无论你最终到达哪个阶段，只要尽力了，只要成了最好的自己，你就是人生的成功者，你的书就没有白读！

我在给同学们讲这一话题的时候，会把自己六十多年的人生经历摆进去。我会讲我的读书怎样让我从知青农场考上大学，讲我的读书怎样让我的教育生活充满情趣，讲我的读书怎样影响了我那也养成了读书习惯的女儿，讲我的读书怎样感染我的历届学生……对了，我特别要讲我的学生的故事，不只是讲被收进百度词条的杨嵩、胡小鸥，也讲公交车司机刘春华、银行职员尹萍等普通劳动者……他们的共同特点是：书香熏染了他们芬芳的人生。

如果我这样去给学生讲“为什么读书”，我想学生是不会反感的。而我会绝对做到，我说的每一句话都是真话。

现在，“国家”“民族”“理想”“奉献”这些宏大的词语，被不少道貌岸然的人——尤其是贪官给玷污了。人们见到太多的贪官台上说反腐败而台下搞腐败，便感到“读书是为了挣大钱、娶美女”毕竟是“实话实说”；人们见到太多赤裸裸的追名逐利之徒，便不相信这个世界上居然会有“为中华之崛起而读书”的有志者。美国著名思想家托马斯·潘恩说：“一个人如果极力宣扬他自己都不相信的东西，那他就是做好了干任何坏事的准备。”也有这种情况，的确有些人宣扬他自己都不相信的东西，而那些东西本来是真理，结果人们出于对宣扬者的反感，恨屋及乌，便连真理也唾弃了。

以苟且孕育诗意，以庸俗催生崇高，以污浊制作洁净，以油腻收获清纯……当然是不可思议的。

但是，只要我们给学生讲的，都是我们发自内心且符合人类真善美价值观的，并且是每天都在身体力行的，那么学生不但一定会接受，而且会内化为自己的信念。

我坚持认为，从某种意义上说，所谓教育，就是你希望学生拥有什么，你自己首先得有什么——

用思想照亮思想，用激情点燃激情，

用爱心滋润爱心，用个性发展个性，

用梦想唤醒梦想，用创造激发创造，

用浪漫缔造浪漫，用情趣营造情趣，

用人格铸造人格，用心灵赢得心灵

……

“人在说话，话在说人”

2023年7月9日上午，我在新教育实验徐州年会上主持了“教师叙事”论坛，主题是“培养卓越口才”。老师们各自展示了自己在这方面的探索与实践，按论坛的要求，最后我要点评。但所谓“点评”真谈不上，我只是谈了我的感想。

对成都市第十幼儿园陈雨鑫老师的讲述，我说——

成都市第十幼儿园是在武侯区乃至成都市都比较有影响力的优质幼儿园，今天听了这位老师的介绍，我感到它的优质显然是名副其实。比起成人，幼儿园的小朋友正处于语言发展的早期，在这一阶段我们有意识地对其语言能力进行培养训练，显然是非常有必要的，但这种早期培养训练又应该是自然而然的。成都十幼刚好抓住了“生活化”三个字做文章。报餐活动、绘本分享、童谣吟诵、角色游戏、小木马云游记……都是融入孩子日常生活的口才培养与训练，但孩子们又感觉不到被培训被训练，效果很好。这让我想起了三十多年前我班上的男生要求成立足球队的事，当时一群男生向我提出请求，希望成立一支足球队。我心里当然同意，但嘴上却说：“既然是班级足球队，那你们说服我还不行，还得让全班同学同意。这样，你们在明天的语文课上给大家说说理由吧！”第二天，几个男生分别上台说了成立足球队的理由，举手表决时，有少数同学不同意，于是我临时组织了一场辩论赛：成立足球队利大于弊，还是弊大于利？最后足球队当然成立了，孩子们也通过这件事非常自然地训练了口才。因此，生活化，应该是我们卓越口才培养的重要原则。生活化原则的核心，是把教育意图和目标化作学生生活的内在需要。

对新沂市新华小学王洪娟老师的讲述，我说——

王洪娟老师的讲述为我们展示了新沂市新华小学在培养卓越口才方面的丰富实践。我说“丰富”是因为他们非常全面：从课内到课外，从校园到社会，从阅读到表达，等等。我不打算一一评价他们丰富多彩而又卓有成效的做法，我想着重说说他们的“课堂对话”。坦率地说，“课堂是卓越口才行动的主阵地，卓越口才行动首先从课堂出发”这个说法是有商榷空间的。孩子的语言发展，恐怕首先不是在课堂上，而是在日常生活中，因此“主阵地”“首先从课堂出发”的提法不是很严谨。但是，也许他们这个说法是有特定针对性的，即传统的课堂往往是教师言说知识的场所，学生只需要听就可以了，除了少数优生发言，多数孩子是处于沉默状态的。因此，他们强调课堂也应该成为孩子说的地方，成为教师有意识训练孩子口才的地方，这个强调，甚至这个“不严谨”是必要且有意义的。我还想强调的是，虽然语文教材上有“口语交际”的训练内容，但从新沂市新华小学的实践来看，培养学生的口头表达远远不只是语文学科的事。应该说，哪里有课堂，哪里就应有卓越口才的培养。这是新沂市新华小学给我们的提醒，我由衷地向新华小学的老师们表达敬意！

对河南贞元学校张春燕老师的讲述，我说——

“语言是存在的家园”，这是哲学家的表述。这个哲学家叫海德格尔，他是德国人，是20世纪存在主义哲学的创始人。他的原话是：“人活在自己的语言中，语言是人‘存在的家’，人在说话，话在说人。”当然，广大一线中小学老师可能没想这么深刻，动辄把海德格尔搬出来站台，好像是另一种形式的“上纲上线”。因为普通老师并没有想那么多、那么高大上，培养孩子的口头表达无非就是让他们成为能说会写善读的能力全面的人。但是，海德格尔这句话对我们是一个重要提醒，我们训练孩子说，不仅仅是在培养卓越口才，还是在培养卓越的人！“人在说话，话在说人。”我的理解是，人在表达体现自己思想感情的言语时，语言所承载的思想感情也反过来在感染着影响着激励着甚至塑造着我们自己。恩格斯说，语言是思维的物质外壳。他还曾说：思维着的精神是人类最美丽的花朵。这就是说，没有了语言就没有了思维，而思维是人的特征。语言模糊就是思维模糊，没有了语言也就没有了思维。当然，这里的语言不仅指口头表达，还包括书面表达。卓越口才是一个人思维的外露，思维训练是所有学科所有校园活动的任务，正是在这个意义上，贞元学校的卓越口才培养聚焦生命成长、覆盖全部学科，显示出了卓越的价值！

对南通市海门区东洲国际学校茅雅琳老师的讲述，我说——

我经常建议年轻人，作为一个追求卓越与幸福的老师，应该拿起笔来写，记录自己的教育故事和教育人生。但总有不少年轻人对我说：“我不是语文老师，不会写。”这种把写作与语文老师画等号的人不是个别。同样，说到口头表达能力的培养，也有许多人会习惯性地想，那是语文老师的事。可是我们今天，却听到一位数学老师也在课堂上对学生进行口头表达能力的培养。刚才我引用了恩格斯的话“语言是思维的物质外壳”，数学是一门思维性特别强的学科，语言的准确体现的是思维的严谨。那么，训练孩子的口头语言表达不是很正常吗？当然，所有学科都有思维训练，因此所有学科都应该培养学生的口头表达能力。另外，茅老师善于给学生搭建提供各种展示口才的平台，这一点做得非常好！她的微社团非常有创意：从周一到周四，路透社、英语故事会、悦读社、睿智物理，连解题也成了培养孩子们口头表达能力的机会。所有的训练都是孩子们在兴趣中自然而然参与的，尤其是表现欲特别强的孩子，给他一点阳光，他就灿烂。这同样适用于卓越口才培养。

对杭州市萧山区高桥小学蒋国英老师的讲述，我说——

让一间教室因“言说”而热闹非凡，非常好！我想到苏联教育家阿莫纳什维利的一句话：“谁爱儿童的叽叽喳喳声，谁就愿意从事教育工作，而谁爱儿童的叽叽喳喳声已经爱得入迷，谁就能获得自己职业的幸福！”这里的“叽叽喳喳”当然不仅指孩子的语言，还包括孩子的笑声。如果教室里充满孩子言说的“叽叽喳喳”，毫无疑问，这就是一间充满生命成长活力的教室。说实话，蒋老师讲她班上的故事时，我很自然地想到了自己年轻时，我也曾这样做过。2012年新教育实验年会的主题是“缔造完美教室”，朱老师上台作主题报告前问我：“镇西，我想说你是缔造完美教室的先驱者，可以吗？”我毫不犹豫地回答：“当然可以。只是‘先驱者’给人的感觉有点悲壮，就说先行者吧！”今天，我还要毫不谦虚地说，我也是新教育实验培养卓越口才的先行者。真的，20世纪80年代，我每天让学生进行课前一分钟新闻播报，课堂上则有各种辩论、名人伟人模拟演说、课本剧演出……我们班甚至成立了一个名叫“攀谈社”的社团……这不都是卓越口才培养吗？多年后，我和学生相逢，我们回忆起的，或者说我们谈论的，往往都是当年那些有意思的事。口才培养与展示，成了我们共同的温馨记忆。不好意思，本来是评论蒋老师的，结果成了自我表扬。但是，我恰恰是由蒋老师“一间教室里的生命精彩”联想到了自己当年和学生的生命精彩，这叫“共鸣”。

“越过高山，越过平原，跨过奔腾的黄河长江……”

一

因为航班一延再延，当我从徐州飞抵长沙再入住酒店时，已经是凌晨两点半了。

我是在新教育实验徐州年会刚结束的那天傍晚便直奔机场的，按计划我将乘坐21∶15起飞的航班前往长沙，参加爱心与教育研究会2023年研讨会（简称“爱研会年会”）。没想到半夜才到达酒店，洗漱完毕躺下时已经凌晨三点多了。

但到了白天，当听说来参加这次爱研会年会的袁建国老师在高铁车厢里站了七个小时，我顿时觉得昨晚的辛苦实在不算什么，毕竟我在机舱里还是坐着的。而当我听说任秀波老师从吉林通化驱车2300多千米到长沙时，我脑子里一下闪过几句激昂的歌词：“越过高山，越过平原，跨过奔腾的黄河长江……”

我想到2016年爱研会年会上，来自甘肃庆阳的张瑾老师曾这样叙述她和同伴们赴会的经历——

我清楚地记得那天我们出发时的情形，许多县上的老师比我们城区的老师更早到达集合地。其中有几个路途遥远而又住处偏僻的老师，他们凌晨两点就已起床，先坐农用车到小镇，再坐班车到县城，又转车到市区，然后打出租车赶过来。更有最为偏远的环县的一名老师，已是提前一天到达市区，在集合点附近找了间招待所临时歇脚。我们28人，兴高采烈，手挽肩扛，在集合点会合后又一起坐上了开往西安的大巴。经过6个小时的车程后，我们才从西安火车站踏上了真正意义上的梦想之旅。

大家都是自费参会，加之庆阳的老师原本收入就不高，所以我们不约而同地选择了硬座出行。第一个黑夜，在火车的“哐嘁哐嘁”声中，我们以欢声笑语战胜了瞌睡。但当我们又在“哐嘁哐嘁”声中迎来第二个黑夜时，大部分人着实支撑不住了。先是一个，两个，后来纷纷倒下睡着了。回看与困神勇敢作斗争的偷拍者的杰作，我们在火车有规律的晃动中摇头晃脑睡觉的姿态真是太好玩了。第三日，我们终于拥抱着朝阳到达了目的地。走出站台的一瞬间，大家才发现腿脚肿胀得不能踩地。但任何困难也不能阻挡我们前进的脚步，在拥挤的泰安火车站稍事休整，我们又踏上了开往新泰的大巴，欢天喜地地来到了年会会场。

此刻，当我引用这段文字时，依然热泪盈眶。

而这样的故事，每年都在发生着。

二

年会开幕前夕，照例是我和爱研会会员们的见面会。

面对一张张年轻的脸庞和一双双清澈的眼睛，我推心置腹地说了如下的话——

以王丹凤、黄建军为代表的爱研会核心成员为这次年会的筹备付出了大量的心血，尤其是秘书长王丹凤。让我特别感动的是，王丹凤从不计较个人名利得失，始终怀着一颗纯粹的教育心对待爱研会，对待教育。这也是所有爱研会老师共同的品质。

我在成都的李镇西博士工作站第五期刚刚结束录取。我对学员们说，李镇西博士工作站就是一个学习共同体，学习与成长就是我们的全部目的，除此之外，不追求其他功利。我甚至不让学员们对别人说“师从李镇西”之类的话，我就是要让李镇西博士工作站纯粹又纯粹，与所有世俗的名利绝缘。同样，我们的爱研会就是放大了的李镇西博士工作站，也是一个纯粹的学习共同体，而不是拿来沽名钓誉的。

我曾问过李镇西博士工作站的学员：“你们是因为进了工作站才优秀，还是因为优秀才进工作站？”他们当然说“是因为进了工作站才优秀”，我说：“不是，你们是因为优秀才进工作站。”这里的“优秀”不是指有多少荣誉证书，也不是指在能力和智慧上多么出类拔萃，而是说你们拥有热爱学生、热爱教育、热爱学习的品质，不然，你们怎么会选择加入什么“好处”都没有的工作站呢？参加爱研会的老师也是如此，均因有理想有追求才选择爱研会。所以，我希望爱研会的老师们永远坚持“三个热爱”：热爱学生，热爱教育，热爱学习。

我多次说过一句话：“我没想改变世界，我只希望这个世界不要改变我。”我做到了。所谓“这个世界不要改变我”，指的是我的初心没有因这个世界而改变，至今依然纯真而纯净。但我最近发现，无意中我的确改变了一些老师的教育人生，虽然这些老师并没有在我的身边。

我是怎么“改变”这些老师的呢？是我具体地指导了他们的教育事业和

工作吗？当然不是，甚至许多人我都不认识。最近，一位老师对我说："您对我们最大的改变，就是您做好您自己，让您自己成为一束光，走在我们前面。我们就跟着您走，像您一样做教育。"

我想了想，承认是这个道理。所以我现在特别认真地对待我写下的每一个字，因为我知道许多老师都在读我的文章。我不敢保证我说的每一句话都是对的，但我可以保证自己说的每一句话都是真的。我必须把心掏出来，不然对不起那么多年轻教师的信任。

其实我无论建设工作站还是参加爱研会，都是在做公益，不求"回报"，也不可能从中得到什么"回报"。但是，从另一个意义上说，我这样做其实也得到了丰厚的"回报"，那就是你们的成长。你们每一个人的成长，就是给我最大的"回报"。

爱研会的每一个人都是平等的，我们之间当然也是平等的。我们不是什么"师徒关系"，而就是一个成长共同体。你们在成长，我也在成长。你们延续了我的教育生涯，延续了我的青春激情，我也发自内心地感谢大家！

爱研会最早是由湖北一位叫蒋自立的名师发起成立的，当初的名字叫"李镇西教育思想研究所"。说实话，这个名字一开始我就不同意，不是因为谦虚，也不是有什么顾忌，而是觉得没必要。我没什么值得"研究"的啊！但蒋老师和一群年轻人说，这不过是借"李镇西"三个字聚集起渴望成长的年轻人共同学习。我只好默认，但不参与具体的活动。后来我还是觉得不妥，就说如果这个团队一定要存在，那么就改个名字吧！所以就有了"爱心与教育研究会"。

爱研会成立十二年来，遭遇过一些误解和攻击，但我从不回应。因为我有更重要的事去做，哪能把时间与精力花在那上面？我们的成长，就是对误解最好的澄清，也是对攻击最好的回应。所以，我在这里把以前说过的话再说一遍，以后凡是遇到对爱研会的攻击谩骂，大家都千万不要有任何“回击”，不用理睬，把“吵架”的时间和精力用在我们更应该做的事情上。

想想朱永新老师发起的新教育实验，二十多年来也曾遭遇过一些人的不理解，引起过一些争议，甚至遭受谩骂，但朱老师从未理会，而是一如既往地执着于探索实践。我曾说过，朱老师是中国教育最大的义工。2022年底朱永新老师因新教育实验而荣获被称作“教育诺贝尔奖”的一丹奖，这意味着新教育实验赢得了国际上的承认；2023年3月，朱永新老师当选全国政协副主席，这意味着朱老师这个人从整体上得到了党和国家的认可，当然也包括他主持的新教育实验。我想起二十多年前朱老师对我说过的一句话：“只有拥有大胸襟，才能做大事业。”

爱研会也应如此。我们每个人都要把外在的名利和评价看淡一些，尽量让自己的一颗教育心纯粹又纯粹。我们爱研会越是纯粹，越能发展得更好。

所谓“不要被这个世界所改变”，还有一层意思，就是拥有一颗能自主思考的大脑，不要被别人带偏了节奏。我这一辈子，就希望自己能成为一个自由、独立的人，我也希望我们爱研会的老师们有一颗清醒的、独立的大脑。

前几天，我在“镇西茶馆”公众号推出了一篇文章，题目是《我们是否正在兢兢业业地“摧毁”孩子的幸福与创造力》。为什么“兢兢业业”？因为爱教育爱孩子。为什么“摧毁”？因为愚昧。我经常想，真正师德低下、人品恶劣的老师是极个别，像于漪老师那样的杰出教师也是少数，而相当一部分老师往往善良却“愚昧”。这里的“愚昧”不是指他们没有智慧，而是指没有自己的思考力。

教师是知识分子，必须要有陈寅恪所说的“独立之人格、自由之思想”，决不能人云亦云。而要做到这样，就应该多读书，尽可能开阔自己的视野，特别是要有丰富的信息源。信息源单一，往往是一个人丧失思考力的主要原因。

古人说“兼听则明，偏信则暗”，的确如此。就像两个人吵架，如果你只听一方的，那肯定觉得他有理，但如果你两方意见都听一听，就能够做出客观的判断。教育者尤其需要有丰富的信息源，我们都是成年人，都有自己的思想，面对各种信息自有判断。

判断一件事情的是非曲直，并不需要多么深厚的“理论功底”，也不需要多么丰富的“内幕消息”，只需要良知和常识。所谓“良知”，就是人性，人性所必备的善良与正义。所谓“常识”，即不需要证明的基本道理。比如，人要吃饭而不能吃土。如果有人说人需要吃土，而且还“论证”人为什么需要吃土、怎样吃土，你只凭常识就可以断定，他在胡说八道！

所以，不断地阅读，不断地获取新知，不断地关注各种信息，包括彼此对立的观点，对我们来说，只有好处没有害处。只有视野足够开阔，胸襟足够博大，信息足够丰富，我们才会拥有独立思考的能力。

爱研会的成员都是每天站在讲台上直接面对孩子的一线老师，对目前的教育弊端应该有更深刻的感受。作为一个有良知的教育者，我们虽不能改变目前的“应试教育”，但至少不应该成为助纣为虐者！

一些老师总爱说：“我也没办法啊！校长要成绩，教育局要质量，我一个小老师只能这样去做，实在是无奈啊！”我承认，一个普通老师对改变整个中国教育制度的作用可以说是微乎其微，但这并不意味着我们就无法有所作为。难道我们真的被应试教育逼到退无可退的墙角了吗？不，我们完全可以通过自己的努力，在这种重压之下，为自己也为孩子创造一些光亮。

当然，要想做到这点，很难很难，但绝非做不到。要想实现，在我看来教师必须做到两点。

第一，摆脱所有名利，以“豁出去”的精神对待教育，对待孩子，对待每一堂课，对待来自领导的种种“不合理要求”。比如，几十年来，我爱带学生出去玩儿，多次被学校批评甚至处分，但我很“任性”，依然我行我素。这样做，失去的是种种世俗的“名利”，比如干部头衔、荣誉称号、高级职称。我当然也郁闷过，但如果得到这一切的条件是要我做自己不愿意做的教育，那我宁可不要。几十年来我坚持一个原则，决不以牺牲学生的利益去屈从学校不合理的管理。得罪校长有什么了不起，大不了不提干嘛！把所有都看淡！没关系，幸福比优秀更重要！这样一想，豁然开朗，无私无畏，心胸一下坦荡了，做教育就更率性了。

第二，要有足够的智慧。“豁出去”也好，“任性”也罢，前提是你的班要带好，成绩要上得去，没有过硬的教学质量，校长那一关肯定是通不过的。而既要让学生的学校生活、班级生活相对轻松快乐，又要保证他们的学习成绩和升学率，这对教师的教育智慧提出了相当大的挑战。教育教学是要动脑子的，不能靠压迫学生来获得好成绩。

纵观几十年的教育生涯，如果我说自己是“常胜将军”，学生每次考试成绩都非常出色，那肯定是吹牛。我教的班也有考得不好的时候，但毕竟是极少数，而且主要是在我年轻的时候，总体上看，我的应试成绩是拿得出手的。不然，我今天不会站在这里给大家讲话。事实上，所有名师都必须靠应试成绩支撑。你可以说这不合理，但这就是事实。真正的名师要取得优异的应试成绩，靠的就是智慧。

上个月我去佛山讲课，我的一名学生来听，他是我二十八年前所教毕业班的学生，他所在的那个班当年高考可以说是创造了辉煌。那天他当众给大家回忆我当年的语文课，他说：“最难忘的是，李老师在课堂上给我们读小说。李老师教我们语文的时候，从来不布置课外作业。”高三了，居然不布置语文课外作业，还在课堂上给学生读小说，现在谁会相信呢？但我当时就是这么做的。我之所以敢这么做，是因为我对自己的语文教学进行了整体的改革，包括阅读教学和作文教学的改革。最后，我班上的语文高考成绩相当不错。

一个老师，如果没有足够的教育智慧，就没有足够的教学自信，而缺乏智慧和自信，就不可能摆脱世俗名利，摆脱不了世俗名利，自然就只能通过“应试教育”去压榨学生，以换取自己的生存。

为什么有些年轻人工作没几年，就老想着“怎么还没被提拔进入管理层”？因为他们的价值只有靠“当官”来体现。但我年轻时就坚信，不当教务处副主任或其他中层干部，不当校长，不当“市优秀青年教师”，我李镇西还是李镇西。在座的爱研会常务副会长黄建军老师，曾经是学校德育处主任，后来他不当主任了，还是继续当班主任，干得有滋有味。失去“德育处主任”这个职务，并没有让他贬值，因为他的价值并不需要靠“主任”的头衔来支撑和彰显。特别说明，我在这里没有任何鄙薄学校管理层干部的意思，事实上，不少主任、校长也是上课的一把好手，许多人正是靠出色的教学成绩而得到提拔的。我的意思是，如果一个年轻人只能通过“提干”来展示自己的“能力”，确实可悲。

2012年，爱研会成立时，我没有想到它会如此强劲地坚持到现在，而且还在不断发展中，也没想到的确有不少年轻老师因它而成长。天南海北那么多彼此素不相识的年轻教师，因为共同的教育理想聚集于爱研会这个民间自发的成长共同体，这不是偶然，而是必然，因为只要有着共同的追求，我们总会走到一起。作为一名退休教师，我愿意继续帮助大家，我会永远关注大家的成长！

三

开幕式上，湘江新区教育局副局长伍秋阳同志热情致辞：“七月的长沙热情似火，又因为爱心与教育研究会的到来，变得更加热情，更加红红火火。新区新教育，用心服务，心心相通。没有博爱的精神，就不可能提供公平优质的教育。历史悠久的岳麓山文化遇见爱心与教育研究会，这将是一个起点，我们正扬帆起航。”

然后是爱研会会长詹大年致辞。他在致辞中讲了一个细节，他指着自己身上穿的爱研会年会红色T恤说：“昨天晚上，我想到今天开幕式要穿它，便将它洗了，晾在窗口。一整个晚上我都没睡好，老是担心T恤不能干。我时不时起来摸摸它，看它有没有干。早晨起来，T恤还没完全干，我便用吹风机将它吹干了。”

这个细节，让我们所有人都感受到了他对爱研会发自内心的爱。同时，也让我感到一点点惭愧，阴差阳错，我一直没拿到T恤，所以没能像他一样穿上T恤参加今天的开幕式。

伍局长和詹会长致辞完毕，我走上台，开始了我的主题报告“手把手教你缔造完美教室”。与以往略有不同，今天我主要讲操作，讲技术，讲“如何做”，希望“手把手”地教年轻老师如何带班。我甚至细致到了开学前的暑假里该做怎样的准备、开学第一天该对孩子们说些什么、日常班级建设中需要做些什么、毕业前夕又该如何做……

会后，我看到一位老师的笔记——

如何缔造完美教室，李老师提供了如下策略：

一是做好暑假准备。走访小学老师；记住照片上孩子的名字；开学前给孩子写一封信。

二是开学首日干什么。送学生三句话：“让人们因我的存在而感到幸福！”“超越自己！”“我们和他们不一样！”敏锐地发现教育素材，让学生教育、感动并激励自己；安排座位时引导学生自我教育；照一张全家福。他还提出了制定班规的“三原则”，即广泛性、可行性和互补性。

三是做好青春期教育。主要策略有创设和谐氛围，开设专题讲座，进行个别谈话，推荐有益读物，争取家长配合，与学生书信交流等。

四是毕业前夕举办“告别童年，永葆童心”相关活动。

李老师现身说法，提出了活动的开展方法，即做好准备——带一张自己小时候的照片；进行抢答——童年的乐趣、童年的恐惧；指导折纸，展现童年的智慧；比赛唱歌，唱出童年的歌谣；编印班级记录册等。

这份记录当然不完整，但从中可以看出我带班的一些做法。

其实，在报告中，我明确提出日常班级建设的“秘诀”，就是七个字：“多搞活动多谈心。”我对老师们说：“多搞活动是面对班级，多谈心是面对学生；多搞活动是着眼整体，多谈心是着眼个体；多搞活动是建设集体，多谈心是走进心灵。”

我还特别介绍了我是如何通过文学、音乐、美术和旅游对学生实施人文教育的：文学，以美妙的文字点亮人的思想；音乐，以和谐的旋律陶冶人的情操；美术，以缤纷的色彩丰富人的生活；旅游，以辽阔的天地拓展人的视野。

最后我说：“希望我们带的每一个班，都能成为温暖我们自己和学生一生的记忆。”

四

下午，詹大年会长开始了他的报告，主题是“好的关系才是好的教育——

家庭、学校、孩子一起成长”。

与他的文字一样，詹会长的语言简洁而深刻，往往三言两语便直击要害，还时不时来点小幽默。

他从四个方面展开他的论述——

第一，方向问题。詹会长指出，很多家长会向他请教关于孩子的问题，如孩子成绩上不去怎么办，孩子不爱学习怎么办，孩子没有上进心怎么办，等等，无一例外都直指孩子学习上的问题，唯独不问孩子不喜欢玩怎么办。詹会长认为，孩子出现一系列问题的根源是关系出现了问题，关系是教育的一切，好的关系，才是好的教育。

第二，人格问题。他认为，缺失的人格必然是缺失的教育，缺失的教育必然带来缺失的人格；家庭和学校的真实需求是不同的，学校的真实需求是集体成绩背后的价值感，家庭的真实需求是个体成长带来的幸福感。

第三，功能问题。他认为，家庭的功能有很多，如生产、生育、保护、生活、情感陪护、抚养赡养、娱乐休闲和教育等。校园的功能则首先是教育，“学校”首先是一种文化信仰，这种文化信仰是润物细无声的存在。

第四，立场问题。詹会长认为，学校要真正设身处地考虑学生的主体价值，尊重孩子主体，关注孩子个体。

针对这四个问题，詹会长都不是抽象地“讲道理”，而是结合丑小鸭中学的许多生动案例，通过具体的人和故事来揭示教育的真谛。

詹会长讲完，我主动要求谈了一些感想：“詹大年是一位伟大的校长，他的伟大在于‘逆流而行’。当许多校长‘不择手段’择优的时候，他却专门招收别人不要的孩子，不通过打骂而靠爱和智慧让他们回归正常的生命状态和生活情景。詹大年是一个特别善良的人，他将自己善良的本性投射到教育上，便出现了奇迹。当然，詹大年也是一个很真实的人，他公开说，丑小鸭中学并不是无所不能的学校，比如有些孩子的问题已经属于医学范畴，那丑小鸭中学也没办法，因为他是教师而不是医生，所以丑小鸭中学也有不收的孩子。我认为，凡是吹嘘无所不能的学校，都是不可信的。恰恰是因为有‘教不好的孩子’，这样的学校才是真实的学校。”

接下来是一场沙龙，主题是“好教师是这样炼成的”，重点是谈阅读。的确，离开了阅读，所谓“好教师”是不可能“炼成的”。

沙龙上，杨士文校长讲述了自己的阅读经历，他阅读《与青春同行》，加深了对教育的思考，坚定了自己踏踏实实做一名中学语文老师的决心；刘芬老师给大家讲述了自己参加共读活动七年来的快速成长；刘桂芝老师谈了建立阅读共同体和制订阅读计划的意义；张学勇老师在社区读《论语》，常读常新；任秀波老师分享了自己的读书故事，从读苏霍姆林斯基《给教师的一百条建议》到一路追寻理想，她说自己的成长离不开阅读。

此外，与会者围绕是否应该“共读”展开了一些讨论。

詹会长说，阅读本身是自由的，自由是阅读的灵魂。共读的核心是共享，让情感与情感发生碰撞，产生交流。共读与自由阅读都需要抓住阅读的灵魂，读书是一种生活方式，应该让读书伴随我们一生。

我也坦率地谈了自己的看法：“阅读本身应该是自由的、个性化的，甚至应该是寂静的，所以我认为阅读还是应该以个人自由读书为主。为什么现在越来越倡导共读？这有特定的针对性，即在一个教师普遍不爱阅读的学校，共读能够彼此感染，彼此影响。但我希望共读依然是一种引导和提倡，而不是强迫，尤其不是强迫所有老师必须在同一时刻读同一本书，读完还要考试，这个考试分数还要与绩效之类挂钩。一些学校就是这样让老师们读我的书的，我非常反对。因为这是在让老师们一边读一边骂我啊！我主张的共读是，共同阅读，但不用同时读一本书，可以推荐一类书，让每一个老师根据自己的情况选择。我还想强调，对成年人来说，什么书都可以读，我们有基本的鉴别能力和判断能力，只有博览群书，我们才能有真正的思想。另外，我希望老师们不要找理由放弃阅读，阅读从习惯中来，习惯是由内在需要产生的。教师不能只读教育类的书，还要读人文类等其他图书，因为教育者需要站在人类的高度看待教育。”

我顺便给老师们推荐了几本书:《南渡北归》《教学机智——教育智慧的意蕴》《为什么伟大不能被计划》，我还希望大家多读吴非、李希贵和程红兵的著作。

五

晚上，是爱研会每届年会的“保留节目”——闪电演讲，就是请几位普通的一线教师谈谈他们各自的成长故事和对教育的理解。

今天参加闪电演讲的七位老师是：陕西的雷婧、吉林的吴俊功、湖南的王卓钦、安徽的程志婷、江苏的肖瑾、新疆的马灵和潘丽。

每一位老师都讲得很真诚，也很朴实，他们的故事中折射出千千万万普通教师的成长经历。七位老师演讲结束后，我谈了自己的感想——

雷婧老师的演讲题目是《临摹“未来班”》。其实她做得比我好，因为她有一些自己独特的做法。她从临摹出发，走向了创造，这里的“创造”是基于不同的时代。毕竟我的“未来班”是在20世纪80年代，而现在许多情况都不一样了。雷老师的创造还基于学生的个性，当然，也基于她自己的个性特点以及成长经历。由于创造，她对教育的认识不断深化，她的教育智慧也不断丰富。印象特别深的是雷老师的学生对她说的那句话:“我想像您一样优秀。”我曾说过，一个老师，应首先追求成为学生心目中的偶像，当你成了学生的榜样，你的教育就成功了。

王卓钦老师的演讲带给我最深的感受是，他以自己的人格感染学生，他讲的“抓娃娃”的故事，就是以自己的诚信去培养学生的诚信。另外，作为一名体育老师，他通过写作发现了自己的潜力，也令我感慨。不知从什么时候开始，“体育老师”成了人们调侃的对象，比如“你的数学是体育老师教的吗？”好像体育老师除了教学生锻炼以外就应该什么学科都不懂。王卓钦老师以自己的写作，为体育老师挽回了尊严。王老师刚参加工作不久，还很年轻，从他的演讲中，我能够感受到他的纯真。他带着纯真进入教育，希望他永远保持一颗纯粹的教育心，永远保持学习的上进心！

潘丽老师的演讲也特别令我感动。从她的讲述中，我感受到她迫切的成长愿望，而一个人自己愿意成长，这是最纯真和最顽强的动力。现在不少年轻教师是被校长“逼迫”着成长，始终是被动的，只有发自内心的成长愿望，才可能让自己默默地坚韧地成长，这是一种真实的成长。因为成长，可能会获得一些外在的奖励，当然也可能没有。但不管有没有，外在的奖励永远是次要的。有一次我在一所乡村小学问一位参与新教育实验的年轻教师：“你做新教育，获得的最大奖励是什么？”她不假思索地回答我：“我的成长！”是的，教师的成长本身就是对自己的奖励。所以我写过一本书，书名就叫《成长是最好的奖励》。

程志婷老师的可贵之处，不在于她一直优秀，而在于她善于反思，并能获得进步。我说过，优秀老师和平庸老师的区别，不在于是否犯错误，而在于是否能反思。另外，程志婷老师以自己出色的学科教学能力为班主任增加了魅力。我一直认为，优秀的班主任理所当然应该是教学能手。我曾听某位校长介绍某位老师：“他教学一般，但当班主任特别优秀！”如果一个老师教学能力一般，就不可能是优秀的班主任，因为班主任对学生的吸引力，很大程度来自课堂。或者说，许多班主任首先是让学生迷上了自己的课，继而才成为孩子喜欢的班主任。

吴俊功老师一直都在偏僻的乡村学校工作，从乡村教师到乡村校长，虽然曾短暂地到教育局工作，但他工作的地方依然很偏僻。他当班主任的成功，和程志婷老师一样，也是源于他作为一个优秀的学科教师的成功。他特别善于学习，所以被称作“学习傻子”，正因为这种“傻”，他才成长得如此优秀。我很感动，吴老师虽偏居一隅，却永远充满好奇与渴望地关注着窗外的世界，让思想与智慧的光芒照亮自己的精神世界！他的日常工作很琐碎，但因为有追求，他用一堆琐碎的日子铸造着自己精彩的人生。其实，作为一名普通老师，所谓“精彩”都蕴含在每一天自己所热爱的工作中。

马灵老师很年轻，带着纯真与天真的气息，而纯真与天真在我看来正是教育的本色。关于她的演讲内容本身，我不打算多谈，我特别想对年轻的马灵老师说的是，你的教育人生刚刚拉开序幕，未来的教育之路还长着呢！将来肯定会遇到困难和挫折，但我希望你把未来的一切挫折和困难视为意料之中的事。这样，当遇到挫折和困难，你会说：“终于等到你了！”我曾写过一篇文章，观点是“求职是恋爱，入职是结婚”。求职时人们往往把职业想得很美好，而入职后会发现并非那么浪漫。教育其实就像“婚姻”，所有的喜怒哀乐都是它本身就有的。明白了这个道理，我们面对教育就有了一份从容与镇定。

听肖瑾老师演讲时，我心里想，原来我的“镇西茶馆”影响力那么大！你们看，仅仅因为一则“招募令”，她就一次次追逐，一次次失败，再一次次追逐，最后终于加入了爱研会，然后坚持不懈地参加每周六的“成长有约”。这种痴迷，完全是出于发自内心的对成长之光的渴望，而不是源于任何外在“任务”的压力。肖老师说：“其实不是坚持，而是真的热爱！当你真的热爱某件事的时候，无须旁人，你会自然前往。”她说有人说她“眼里满满的都是学生”，因为有学生，教师才有成长的动力。我想起于漪老师曾对我说：“对孩子的爱，能够让一个老师变得聪明起来。”

肖老师的追光经历，让我想起多年前我为自己所拍照片写的一首小诗。那张照片是我在青海湖拍的海鸥，我这样写道——

永无停歇的追求
没有终点的飞翔。
一次次振翅，
一回回凌空，
用纯洁的双翅，
把生命的诗篇，
写满蓝天……

现在，我想将它稍微改动一下，送给包括肖老师在内的在座所有渴望成长的年轻老师——

永无停歇的追求，
没有终点的飞翔。
一次次振翅，
一回回凌空，
用青春的双翅，
把理想的诗篇，
写满生命的蓝天……

六

第二天上午，长沙市恒定高级中学校长杨闰平就他的办学思想和实践为大家作了一场报告。他说：“爱是教育的公理，只有拥有爱的教育才是真正的教育。当教育融入了爱，关注每个生命个体，一切皆有可能。每个孩子都是一粒有无限可能的种子，恒定的使命是以爱赋能，让每个孩子实现无限可能，让每位教师成为孩子生命中的‘贵人’。”

恒定中学是本届年会的承办单位。年会原来准备在福建召开，后来因出现特殊情况而无法在原定学校举行，恒定中学表示愿意承办本届年会。仅仅一个月的准备时间，他们便为爱研会提供了这么一个高质量的平台。所以，昨天我作报告前，特意向恒定中学和杨校长表达了由衷的感谢！

杨校长报告结束后，我们爱研会的三位资深会员——任秀波、黄建军和王丹凤为大家分享了他们的带班实践。

来自吉林通化的任秀波，驱车两千多千米，“越过高山，越过平原”，来到长沙。她讲述的主题是“漫漫教育路，一起向未来”，她用一个个精彩的故事、一张张生动的照片，阐述了自己的教育理念：家校共育不是教师和家长联合起来针对孩子，而是教师、家长、学生站在一起面向未来。这个未来不只是孩子的未来，也是家长和老师的未来。她认为，老师和家长一起面向未来，意味着老师应该做家长了解学生的协助者，做家校活动的策划者，一起读书，一起活动，形成教育合力。老师和学生一起面向未来，意味着老师要不断发掘适合学生成长的班本课程：读写课程、艺术课程、劳动课程……让每个孩子找到存在感和兴趣点，充分发挥潜能。在设计实施班本课程时，教师自己也在不断学习成长突破，和学生一起过着精彩而幸福的教育生活！

来自广东中山的黄建军是一位高中英语教师，曾担任过学校德育处主任，但最后还是选择了做一个普通而单纯的班主任。他讲述的主题是“‘家’和万事兴”，这里的“家”当然是指他所带的班级。他用“相会、符号、文化、活力、滋养、心态、互动、告别”八个关键词，谈到自己在引领学生和家长一起过完整幸福生活时所做的努力和尝试。他的“黄家班”上，有个性鲜明的班级符号，有滋养心灵的影视欣赏，有别出心裁的家校联动，有打动人心的毕业典礼……种种用心策划的活动，营建了一个“和”的成长环境，使得“黄家班”的同学们在应试压力巨大的高中收获了不一样的记忆与成长，也帮助父母们放下了焦虑，更好地接纳了孩子。

来自湖南株洲的王丹凤老师作了题为“可复制的成长力——‘爱心与教育’在一所学校的实践”的主题报告，主要是谈她如何在一所学校把爱心与教育理念落地，卓有成效地创新教师成长和家长教育。王老师的报告以“为什么复制”“复制什么”“怎样复制”为主线展开，让大家看到爱研会十二年的追寻之旅如何让她由内而外焕新颜，发现“成长力”的要义。她在学校首创“爱心与教育研究中心”，开始实践之旅，实现了从0到1的创造，实现了从爱研会到学校的复制：组建“爱心与教育研究共同体”和“家庭教育促进共同体”，从实践探索、阅读涵养、问题聚焦、写作提升等方面进行研讨，共同体的教师以蓬勃之姿成长起来，家长们从共同体升级到家长学校，实现整体推进的家校共育。

任秀波、黄建军和王丹凤的报告有一个共同的特点，就是他们完全不像是在作报告，更不像有的老师那样是在朗诵式地演讲，而是非常随意地讲自己和学生的故事。亲切自然的表情、悦耳动听的声音、自然和谐的体态，都体现出他们对教育发自内心的爱。

同时我也感慨，当初认识他们的时候，在我的眼里他们还只是小伙子、小姑娘，尽管也在很用心地做教育，但毕竟还不能算成熟的教育者，而现在他们已经步入中年，积累了比过去更加丰富的教育智慧，不但在本校，而且在全国都有一定的声誉了。

爱研会就是这样影响并推动着每一位会员的成长。当然，也可以说，他们三位的成长正代表着爱研会的成长。

很遗憾，由于特殊原因，我不得不提前离开大家直奔机场，最后一个下午的活动我没能参加。

事后，黄建军给我概述了下午两场论坛的情况——

“班级自主管理”论坛由李素怀老师主持，采用座谈方式，邀请了长沙恒定中学的于欣欣老师和长郡云龙实验学校的王艳飞老师，还有三位可爱的“会二代”同学陈钰、魏小雅、吕俊楠，针对班级自主管理进行对话。老师以教育者身份谈了如何进行班级自主管理，包括关系、文化、制度等方面；孩子以被管理者身份聊他们喜欢什么样的老师，并给老师提出一些管理意见，希望在与老师的共同成长中获得尊重和信任。现场观众从论坛中得到启迪；师生在对话中相互看见，在对话中读懂彼此，希望每个人都成为班级的主人，共建，共成长。

“家校社共育”论坛由袁建国老师主持，主题是“立德树人行而不辍，家校共育未来可期”。论坛从四个层面展开，由四位老师分别进行专题分享：首先是袁建国以“家校社共育的政策解读与操作建议”为题进行了相关政策法律文件解读；牟明君老师作了学校管理层面的分享；“班级管理视角下的家校共育”由王军分享；最后，万勇老师以“人生规划视角下的家校共育”为题分享了家长层面的具体做法。论坛比较全面地让在场老师对家校共育有了进一步的认识和感悟。

七

2024年的年会由安徽省金寨县志成中学承办。最后一个下午活动的高潮，便是该校王振华校长的发言。

他说自己第一次参加爱研会年会便被感动了——

且不论收获或启迪有多少，最让我感动的是大家不一样的生命状态，不管是在台上分享的会员，还是在台下倾听的老师，我都能从大家的眼睛中看到光芒，这是心中有梦的表现，所以你们呈现出了一种激情燃烧的状态，以至于眼中有光、声若洪钟、脚下生风，这种激昂向上的状态与我们身边许多“躺平现象”形成了鲜明对比，真的很动人。中国教育幸好有你们，星星之火，可以燎原，为优秀的你们点赞、喝彩！

他还谈到了承办2024年爱研会年会的心情——

很开心，金寨县志成中学作为一所身处县城的新生中学，有机会在众多实力强劲的申办单位中脱颖而出，来承办2024年的“爱心与教育研究会年会”（第13届），这于我而言确如申奥成功般激动，于学校而言也有了一次闪耀全国的机会，所以此时的我已经开始期待了。

他也谈到了对新教育实验以及爱研会的认同——

遇见新教育十年有余了，到目前为止还没有任何一种教育体系让我如此认同……不知道在座的各位有没有思考过这样一些问题？新教育实验作为一个民间组织，为何能以星星之火成燎原之势，目前已惠及比此多的师生和家庭？我们为什么会如此喜爱朱永新、李镇西、詹大年这些老师？我们为什么会如此喜爱爱研会这样一个组织？

我的理解是，新教育也好，爱研会也罢，都是基于人性规律的存在，迎合了我们常说的“真、善、美”之追求，因为“尚善之心、好奇之心、爱美之心”都是人之本心，自然就人皆有之了。同时，新教育是一种多元而完整的教育形态，课程多元，活动多元，管理多元，文化多元，而多元就意味着创新，从这两天“缔造完美教室”的分享中可以看出，每个老师都在班级管理中绞尽脑汁，求新求变，发个奖状都要别出心裁……如此这般，谁人又会不喜欢呢？美，是一种标准，也是一种创造，更是一种心心对接的艺术，它会带给我们极致的心灵享受，所以我们便很自然地喜欢它，呵护它，亲近它。我想这就是大家喜欢新教育和爱研会的原因，而这也是我代表志成中学申请承办2024年爱研会年会的全部理由！

岁月不居，时节如流，火热的长沙之会已然落幕，让我们一同期待2024年的金寨早些到来吧，我在山清水秀、人杰地灵、城新人和、尊师重教的英雄故里和不一样的志成中学恭候各位大驾光临！

在热烈的掌声中，爱研会的每一位家人，又把目光投向了2024年7月的安徽金寨……

八

晚上，我刚进家门，打开手机就看到爱研会发的小视频。视频里，大家正在举行联欢会。看着大家载歌载舞，欢声笑语，我一下想到了爱心与教育研究会的老师们之间有一个共同的称呼：家人。

“家人”这个称呼，也许在爱研会以外的人看来有些“肉麻”，但爱研会的每一位成员都觉得没有什么称呼比“家人”更自然更亲切。

想起来简直不可思议，中国那么大，东西南北中，仅仅因为追逐着同一盏灯——教育理想的光亮，无论是在新疆还是在海南，无论是在吉林还是在云南，因为精神的飞翔，那么多原本素不相识更没有血缘关系的老师竟然一下成了“家人”！

一年一度，为了相聚，“越过高山，越过平原，跨过奔腾的黄河长江……”

我想起了舒婷的诗句——

只凭一个简单的信号

集合起星星、紫云英和蝈蝈的队伍

向没有被污染的远方

出发

人工智能真的不可能取代教师吗？

晓雯老师：

祝贺你正式踏上讲台，成为一名光荣的小学教师！

我这里说“光荣的小学教师”可不是套话。华为创始人、CEO任正非在接受央视《面对面》专访时，说了一句话：“一个国家的强盛，是在小学教师的讲台上完成的。”我还想到蔡元培说过：“小学教员在社会上的位置最重要，其责任甚至比大总统还大些。”

你看，决定一个国家的“强盛”，“其责任甚至比大总统还大些”，小学教师还不够光荣吗？

但你在来信中却提到对自己的职业前途有些担心。你说：“信息技术发展日新月异，人工智能时代已经来临。在不远的将来，教师这个职业会不会被AI和机器人取代呢？”

你的担心并非杞人忧天，因为你刚踏入教师行列，便遇上人类的一个伟大时代，即“互联网+”的人工智能时代。学生坐在家里便可以通过互联网听到世界上最棒的教师上的最棒的课；一个人想通过驾照理论考试，便可以根据网上有关模拟试题反复训练。2016年3月，“阿尔法围棋”机器人与围棋世界冠军、职业九段棋手李世石进行围棋人机大战，以4比1的总比分获胜；2016年末2017年初，该程序在中国棋类网站上以“大师”（Master）为注册账号与中日韩数十位围棋高手进行对决，连续60局无一败绩；2017年5月，在中国乌镇围棋峰会上，它与世界排名第一的围棋选手柯洁对战，以3比0的总比分获胜。

在这样的背景下，不只是你，许多人都会担心：将来的某一天，教师会不会被人工智能取代？

解答这个问题，关键是如何理解教育的功能。如果认为教育只是传授知识，那对教师的要求就很单一了——只要会熟练地解题、讲题、改题就行。如此，隔着千里万里通过网络学习，或通过人工智能完成知识和技能的讲解与训练，也是完全可以的，而且比人工效率更高。这样一来，教师似乎真的面临着被“淘汰”的可能。

也许有人会说：“不会的，人工智能不过是换了教学手段。”

这种认识是不对的。我们千万不要以为人工智能条件下的教育只是手段的变革，“不过是换了工具而已”。恰恰相反，有时候哪怕只是手段的更新，也会带来观念的更新以及相应的创新。比如战马最早的用途，仅仅是把士兵从A地运到B地，就是将他们运到另外一个地方作战。当时马的用途就和运输车一样，因为那时候人们无法想象，人怎么可能在马上作战呢？不稳，摇晃，也不安全。但后来马镫出现了，这种工具让人在马上更安全、更稳定、更灵活，于是一个新的兵种诞生了——骑兵，而且造就了新的战争形态。你看，仅仅一个工具的变化，就带来了观念的更新，带来了一场革命。

同样的道理，人工智能从某种意义上说，的确是工具的变化，但这是一个伟大的工具，它不仅让教和学的手段更加便捷而且多样化，还极大地拓展了学习渠道，更改变了师生关系。因此，AI带来的不仅是教育工具的变化，更是教育观念的革新和教育内容的充实，还对教师素养提出了新的要求。

AI时代的教育，首先改变了师生关系，因为日益发达的信息技术使教师不再是唯一的知识拥有者。AI打破了传统的“知识权威”，使学生和教师处于平等地位，面对同样的知识源，且拥有一样的获取知识和信息的手段。教学，由过去的教师单向输出，变成大家共同分享知识；教学过程的重点也由讲解与刷题，变成了研究与探索。教师所表现出来的民主与平等的教学态度，不仅仅是出于自身的“修养”，更是AI时代的形势使然。我特别要说的是，这种人与人之间和谐、温馨、互动的关系，是人工智能无法实现的。

数字化手段还改变了学习形态。学校不再是学习的唯一场所，学习也不再是某个特定阶段的人的事情，所谓“学龄”延伸到了人的一生，学习的时空被打破，人人都是学者，处处都是课堂。

但这个“课堂”已经不再是以知识为中心。在获取知识已经非常容易而且完全没必要死记硬背的今天，教育过程中的创造力培养就显得格外重要。AI的优势是可以根据学生的需求和反馈提供个性化的学习资源和学习方式，但教师的创造力、灵活性以及种种教育机智，是AI无法具备的；而培养孩子的创造性——质疑、批判、联想、求异、发散等思维品质，正是教师独有的优势。而且，借助AI提供的种种平台和手段，教师在培养学生的创造性能力方面有着比过去更广阔的空间。

因此，如果说过去教师的使命是传道授业解惑，以自己的“一桶水”作为资本交给学生“一碗水”，那么在人人都能自主获取知识和信息的时代，教师主要应在和学生一起学习的同时，引导学生正确地获取知识和处理信息，更加个性化地学习，师生一起探索、研究、解决一些疑难问题，并发展人的创造力，彼此“授业”，互相“解惑”。所以，教师的身份是引领者、设计者、指导者、帮助者。

当然，教育的功能不只是授业解惑和提智赋能，无论AI如何发展，教育的首要任务依然是传道。也就是说，教育的本质是不会变的。真正的教育究竟意味着什么呢？意味着精神的提升、人格的完善、情感的熏陶、价值观的引领……总之一句话，教育的本质是指向人的灵魂的。所有学科知识的学习都是人格形成的渠道之一——虽然是极其重要的渠道，但毕竟不是教育的全部。此外，还有爱心、合作、正义、公平、社会责任感等价值观，都是教育的核心内容。天地人、德智体、真善美……构成了教育丰富多彩的内涵，而这些都无法全权托付给AI，只能通过人（教师）与人（学生）的息息相通、心心相印来实现。

你在来信中说："现在学校搞'智慧校园'，校长要我们搞'智慧课堂'，这让我有了一些恐慌。面对各种数字化教学手段，我感觉自己的'智慧'完全不够用。"

对于这个问题，你就更不用紧张了。数字化手段在评价反馈即时化、交流互动立体化、资源推送智能化等方面，尤其是在促进学生个性化学习上，确实有着独特的优势，但课堂的智慧依然属于人而不属于AI。

智慧是人所特有的一种能力，是生命所具有的基于生理和心理器官的一种高级创造性思维能力，包含对自然与人文的感知、记忆、理解、分析、判断、升华，等等。这一系列能力，是人的大脑所独有的。手机、电脑本身有智慧吗？包括各种软件和小程序，它们的功能（或者说"智慧"）都是人赋予的。

明白了这一点，你还会为各种教育教学中的数字化手段而感到恐慌吗？

最关键的，是你要拥有AI所没有的核心素养。

英国广播公司（BBC）曾经做过一项调查：未来哪些职业最容易被淘汰？哪些职业最难被淘汰？

数据显示，未来最容易被淘汰的职业有：电话推销员、打字员、会计、保险业务员、银行职员、政府职员、接线员、前台客服、保安……未来最难被淘汰的职业有：教师、酒店管理者、心理医生、建筑师、牙医、理疗师、律师、法官、艺术家、科学家、健身教练、保姆、记者、程序员……

这些职业为什么最容易被淘汰或最难被淘汰？BBC分析，如果你的工作具有以下特征，那么，你被机器人取代的可能性非常大：第一，无须天赋，相关技能经由训练即可掌握；第二，大量的重复性劳动，每天上班无须过脑，但手熟尔；第三，工作空间狭小，坐在格子间里，不闻天下事。而如果你的工作包含以下三类技能要求，那么，你被机器人取代的可能性就非常小：第一，社交能力、协商能力，以及人情练达的艺术；第二，同情心，以及对他人真心实意的关切和扶助；第三，创意和审美。

晓雯老师，看了这项调查，你有何感想？是不是和我一样，认为AI完全可能取代教师，但也可能无法取代教师——关键是，教师本人如何做教育。

作为教师，如果把教育教学当作一个固定程序，每天都对所有学生重复同样的劳动，视野狭窄，不闻天下事，培养的学生也只会机械而熟练地刷题，毫无作为人应有的灵气，那你的工作完全可以让人工智能来做。就像现在高速公路收费站的ETC，你既然把自己当作“智能人工”，那你被人工智能取代，不是很正常的事吗？

相反，如果想到自己的工作是和人打交道，而且这里的“人”不是抽象的“同学们”或“大家”，而是一个个独具个性的孩子，你得拥有读懂他们心灵且不知不觉走进他们精神世界的能力，对孩子们充满爱与尊重，能够通过每一堂课展示你自己同时也培养学生的批判性思维以及各种与众不同的美的创意，让每一个孩子越来越聪明而不是成为只装知识的容器，那么，任何AI都无法取代你的工作。

正如联合国教科文组织在其最新发布的报告《一起重新构想我们的未来：为教育打造新的社会契约》中所指出的："数字化手段可以多种形式为教学提供支持。然而，真正使学生能够接触到人类共享知识遗产的丰富性与多样性，支持智力解放，共同创造公正、可持续的未来的，正是我们的人际交往和牢固的（师生之间、学生之间的）关系。"

晓雯老师，请永远记住——

哪怕是在AI时代，好的教育也只能发生在最有情感和思想的人与人之间。只有当师生彼此生命相融，能够听到对方的心跳、能够感受到对方的脉搏时，真正的教育才能发生。

校园与社会

不动声色，不知不觉，了无痕迹

天衣无缝，润物无声，潜移默化

这些都是教育的艺术

也是教育的境界

我们是否正在兢兢业业地“摧毁”着孩子的幸福与创造力？

写下这个题目时，我就意识到，我很可能在“与人为敌”。

因为许多老师可能会感到委屈甚至愤怒：“兢兢业业难道错了吗？我每天起早贪黑地工作，上课带班，敬业尽职，你却说我在摧毁孩子的幸福与创造力，真是站着说话不腰疼的‘砖家’！”

可能还有老师会说：“就算我们有些做法不合理，甚至压抑了孩子的个性与天性，但现状就是这样，作为一线的老师，我们有什么办法呢？你揭示不了更深层次的教育弊端，却指责我们，典型的‘捏软柿子’！”

各位请息怒！其实，题目中的“我们”首先就包括了我，特别是年轻时的我。

刚工作时，我教初一。刚小学毕业的孩子时不时写错别字，那时的我，为了“严格要求”，常常重罚写错字的学生——错一个字抄五十遍。

“标准化考试”刚出来的时候，我也赶时髦地将课文设计成若干支离破碎的题目，让学生选择A、B、C、D中的“标准答案”。一时间，我的课堂教学成了知识抢答赛，热闹非凡。

我也曾对学生进行“应试作文”训练，给他们讲各种套路和“万能公式”，比如议论文一定要写成“总—分—总”的结构，“分”的部分最好写三点，每一点有一个小论点加一个例子，最后“总”的部分最好引用一句名人名言。

为了激起班上某些后进生的“上进心”，我曾让学生们无记名投票选举“上课最爱说话的同学”“最爱迟到的同学”“最不关心集体的同学”“最懒惰的同学”“最自私的同学”“最懦弱的同学”……

曾有一个女生吃午饭时把不喜欢吃的鸡蛋挑出来扔进泔水桶，我非常生气地批评她，她和我顶撞，我便命令她写检讨贴在学校的大门边。

……

今天我写下这些事，心里很愧疚。可当时我却理直气壮，因为我觉得自己是出于高度的责任心，是为学生“好”。

可我这些兢兢业业的做法，却败坏了孩子们的学习兴趣，扼杀了他们的创造性思维，羞辱了他们的人格尊严……总之，既摧毁了他们当时成长的幸福，也葬送了他们拥有心灵自由的未来。

可怕的是，当时我浑然不觉自己做得不妥，还觉得这是“爱心”与“智慧”的体现。更可怕的是，我当年的那些做法，至今还在不少一线老师那里“理所当然”地存在着，他们依然在兢兢业业地做着那些我当年做过的愚蠢的事！

“我有什么办法？还不是因为上面要成绩，我不得不这样做。”有老师一定会这样说。我还曾听有的老师说过：“如果没有考试，我会对学生格外耐心，都怪应试教育！”

一切都是为了孩子“好”，一切都是“我也没办法”，包括体罚学生的老师——有些体罚的具体做法简直令人发指，可他们的理由还是“为了学生好”，不少同行还为这些老师辩护：“现在这样认真负责、严格要求学生的老师不多了，要珍惜，别把老师逼成‘佛系’！”

然而，林林总总的“好”最后却导致了对孩子童年的摧毁、身心的伤害和创造力的葬送！

当然，也有许多有良知的老师心怀内疚。一位小学老师对我说：“李老师，这些孩子我是从一年级教到三年级的。我至今还记得孩子们刚进一年级时那明亮清澈的眼睛，可仅仅过了两年多，他们现在的目光已经开始暗淡迷蒙，甚至没有光了。我很心疼，也很自责。我每天那么辛苦，都做了些啥啊！”

我承认，许多教师种种违背教育规律更违反人性的做法，大多源于当前教育环境和应试形势的压迫。面对强大的社会压力和一些非理性家长的“绑架”，一线教师的教育自主权越来越少，教育自由的空间越来越小。

但是，“越来越少”“越来越小”不等于一点都没有。

几年前，我曾在一篇文章中写道——

> 在应试压力下，我们无法改变教材、改变考试、改变评价，但我们至少不要变本加厉地去压迫学生。相反，我们应该尽量通过自己的教育智慧，帮孩子减轻对学习的恐惧，用我们成年人的肩膀为孩子顶住一些来自各方面的压力，对他们说话柔和一些，对他们眼神温暖一些，让他们能够在课堂上开心一些，在班级里快乐一些……

同样是应试教育，我们可以尽可能让学生盼着上“我”的课——这里的“我”加上了引号，是因为“我”代表了不确定的许多老师，包括在“镇西茶馆”“喝茶”的每一位老师。而学生之所以喜欢上“我”的课，是因为“我”不但上课有趣，而且布置的作业相对不那么多，“我”也不会（或极少）罚学生抄作业，对成绩不那么理想的学生“我”同样关爱，不会另眼相看，甚至伤害其自尊心。即使有学生成绩糟糕得不可能考上大学，“我”也尽可能发现他的智力优势所在、兴趣爱好所在，帮助他发现自己的天赋，发展特长爱好，为他将来的人生幸福奠基。

这是我们完全能够做到的。当然，这样做的前提，是我们要有尽可能抛弃功利心（不可能绝对没有）的教育纯粹，要有善待所有学生的大爱，要有课程开发、课堂教学、班级管理、教育科研的智慧，还要有不断反思自己的习惯、否定自己的勇气和超越自己的精神。我也正是从20世纪90年代初期，即工作十多年以后才开始重新认识并不断改进自己的工作，迎接一个又一个挑战，戴着应试教育的“镣铐”跳舞，尽量让自己的舞姿优雅一些。于是，我得以成长。

亲爱的年轻同行们，请接受一个退休老教师直率的建议——尽可能让自己温暖起来，阳光起来，智慧起来，丰富起来……进而让自己的每一堂课既有意义更有意思，使孩子产生“每天都盼着上学”的强烈欲望，让他们每天都有那么一点点开心，并逐步变得聪明。

我特别尊敬的加拿大教育学者马克斯·范梅南曾在其《教育机智——教育智慧的意蕴》中这样写道：“你想把自己的孩子交给怎样的老师来培育，你自己就做这样的老师吧！”

是啊，哪位家长愿意把自己的孩子交给兢兢业业却愚昧愚蠢的老师呢？

那么，我们都希望把自己的孩子交给怎样的老师呢？当然是不但有爱而且有智慧的老师。

范梅南先生这样描述他所认可的教学智慧：“它是教师在长期的教学工作中不断总结、反思自己的教学活动而形成的一种教学修养，是教师的人生阅历、文化修养、个人学识长期积累后自然形成的，是一门教学的艺术……”

拥有如此“人生阅历”“文化修养”“个人学识”并富有教学机智的老师，他的学生肯定比同在应试教育压力下的其他学生更快乐、更聪明。

学校等同于社会吗？

我的朋友程红兵写了一篇文章《学校也有其个性属性——与罗振宇商榷》，我没有听过罗振宇的跨年演讲，在这里不对他作任何评论，但我想就红兵文章中所说的“学校也有其个性属性”谈谈我的想法。

红兵针对罗振宇“如果真实社会不需要，学校也就不需要”的观点，以严密的逻辑推理和真实的教育现场，说明了学校教育不同于社会生活，学校有其自身的特点，不能完全等同于社会。我当然同意红兵这个结论，因为这是常识。

但在常识缺失的今天，我估计红兵不但说服不了罗振宇，而且很多人（包括不少教师）都会站在罗振宇一边来反驳红兵。我甚至完全可以为他们“递刀子”——帮他们提供“理论依据”，那就是陶行知的“生活即教育，社会即学校”。

陶行知是杜威的学生，他这句话是从杜威的“教育即生活，学校即社会”演变而来，但陶行知显然超越了老师，用他自己的话来说就是“翻了半个跟斗”。关于师生俩对教育与生活、学校与社会的论述，我在这里不细谈。我着重想说的是，无论杜威还是陶行知，他们所强调的，是教育与生活的密不可分，社会与学校的密切相连，而不是绝对等同。杜威认为社会的改造要依靠教育的改造，他希望通过教育改造社会生活，使之更完善、更美好；陶行知认为生活具有教育的意义和作用，生活决定教育，教育不能脱离生活。因此，这两句话，显然帮不上罗振宇的“学校社会观”及其观点的赞同者。

毫无疑问，儿童接受教育的情境或者说他的学校经历，是他生活的一部分，而且是其成长历程中主要而重要的生活。这种生活既是未来的手段，也是当下的目的——前者是指为孩子将来的人生做准备，后者是说将孩子现在的每一天都当作有独特意义的日子。因此，注重学校教育与社会生活相联系，不但正确，而且必要。

实际上，增强学校教育与社会生活——特别是孩子未来生活——的联系，正是最近二十多年来学校课程改革的重要内容之一。无论是校内的各种模拟性活动，还是校外的各种项目式探究，或在情境中学习，以及让教育真实地发生，都已经成为中国主流的教育理念和许多教育者的主动追求。

但是，正如红兵所说：“如果完全否认学校的个性属性，完全将其等同于社会生活，那么由此就可以推论出学校没有存在的必要，让社会生活完全替代学校承担教育学生的责任即可。这是不是一种学校虚无主义？”

也许罗振宇对教育不一定有这样的想法，所以下面的文字我并不针对他，但确有一些教育者，认为我们的教育“不能太理想主义”，“还是得现实一些”，“不然我们的孩子将来进入社会会吃亏”，于是，赤裸裸地把社会上一些上不得台面但实际畅通无阻的东西教给学生。这是我特别要批评的。

也许是出于对过去很长一段时间所盛行的“假大空”教育的厌恶，我们的教育不知从什么时候开始走向了另一个极端：一些教育者不但抛弃了教育应有的崇高与神圣，而且抛弃了孩子精神世界不可缺少的理想主义和浪漫主义，有的只是社会阴暗面的“实况转播”，或者以“不能欺骗学生，要为他们的未来负责”为理由对学生进行直截了当的“社会化”教育——在严酷的升学竞争中训练孩子明天的“生存能力”，即使有所谓“理想教育”也是“吃得苦中苦方为人上人”以及“读书就是为了挣大钱娶美女”之类的“切身利益”诱导，还有各种不适合他们的电影、电视、卡通漫画的耳濡目染……

于是，儿童精神的天空中没有了追逐鸟儿的云彩，少年心灵的原野上没有了随风起舞的花朵；于是，孩子们的意识中，没有了纯真没有了纯正，没有了童话没有了梦想，没有了对善一往情深的爱怜与呵护以及对美一往情深的憧憬与向往！

不少学生，小小年纪便“看透了世界”，或者说“深谙生存之道”，因而变得世故、变得成人化起来。

比如，我曾去某校参加该校的少先队代表大会，开幕时，该校少先队“领导层”的“领导们”（都是孩子啊），都按级别和职务出场，然后同样按级别和职务坐在主席台的相应位置；他们讲话时，都特别有领导的风范，从他们口中说出的话全是“印刷体”。我曾写文章批评这种孩子中的“官本位”思想，却有老师在评论区留言：“孩子总是要长大的，将来总得适应社会。”

钱理群教授多年前所批评的“绝对的、精致的利己主义者”就是这样培养出来的。

我们的教育当然不能脱离社会生活，但教育本身应该高于社会生活。因为从某种意义上说，教育是理想的同义词。20世纪90年代中期，由雅克·德洛尔任主席的国际21世纪教育委员会向联合国教科文组织提交了一份题为“教育——财富蕴藏其中”的报告，其序言题目便是《教育：必要的乌托邦》。

简单地把校园生活等同于成人世界，就等于取消了教育。

是的，我们是在为未来培养人，未来社会所需要的所有智慧和能力，学校教育都应该尽可能教给学生；同时，我们也不应回避告诉孩子们未来社会可能存在的阴云和风雨，甚至某些险恶和严酷，但这是为了让我们的孩子拥有更智慧的大脑和更强健的翅膀，而不是去消极地“适应”。更重要的是，即使在让学生正视丑恶的同时，我们的教育也应该始终点亮一盏理想主义的明灯。

我大学时读过一部中篇小说《晚霞消失的时候》，女主人公南珊说了一段非常好的话：“人在自己一生的各个阶段，是有各种各样的内容的。它们能形成完全不同的幸福，价值都是同样的珍贵和巨大。幼年时父母的慈爱，童年时好奇心的满足，少年时荣誉心的树立，青年时爱情的热烈，壮年时奋斗的激情，中年时成功的喜悦，老年时受到晚辈敬重的尊严，以及暮年时回顾全部人生毫无悔恨与羞愧的那种安详而满意的心情，这一切，构成了人生全部可能的幸福。”参加工作后，我对这段话有了更深刻的理解，并作了补充：不同人生阶段主题的缺失，都可能造成人生的悲剧。比如，一个人的童年和少年时期，需要“好奇心的满足”和“荣誉心的树立”，这是读童话的年龄，是做梦的年龄，那就应该让孩子做梦。如果剥夺了孩子做梦的权利，那么这样的教育是可怕的。

正如人生的不同阶段有不同的幸福一样，教育的不同阶段也有不同的主题。理想与现实，玫瑰与毒刺，美丽与邪恶，真诚与虚伪，热爱与憎恶……在一个完整的人生中，都是应该被拥有、被经历、被感受的，但对于特定学段的孩子来说，是否应该将这些都一股脑儿全部展现给他们呢？不，我认为，对于某一年龄段的孩子来说，教育者只应该给他们这个年龄最需要的东西。这不是对学生的欺骗，而是对人性的敬畏。

写到这里回头看题目，我发现已经“离题万里”了。其实也没有离题，这是我由红兵与罗振宇商榷的文章而产生的联想。我就想表达这样的意思——

学校不能脱离社会生活，但也不能等同于社会生活，这是常识。对这一常识的尊重，就是对教育的尊重，也是对儿童的尊重。

孩子喜欢的学校才是真正的好学校

上次去武侯实验中学，银杏叶还是绿的。我当时想，等过段时间叶子黄了，我一定还要来。

今天阳光特别灿烂，我驱车来到学校。

正在燃烧的银杏叶，让整个校园一片明媚。在“陶园”，陶行知和孩子还在那里谈心，他们背后的草坪上，是片片金色的落叶；在“苏园”，苏霍姆林斯基还在和一个男孩讲永远讲不完的故事，他们的头顶，是几棵挺拔的银杏树，枝叶繁茂，形成金黄色的伞盖；在“新园”，也是在如伞一般的银杏树枝叶的掩映下，两个孩子在静静地阅读……

校园的一切熟悉而亲切。也不完全对，这里也有我不熟悉的新景色，比如实验楼和学生公寓之间，多了一大片菜畦，这是学校新开辟的劳动实验基地。虽然是冬天，菜畦里依旧绿意盎然，一大片反射着阳光的蔬菜叶子，与上方金灿灿的银杏叶交相辉映。

操场边上，也有一排银杏树，如一支支火炬。跑道上，散落着黄色的叶子，星星点点，把跑道装饰得更美了。

蓝天下，朴素而庄严的教学大楼被金色的银杏叶与绿色的榕树叶簇拥着。

教学楼上方那一行红色的大字被浓密的树叶遮挡，但后面几个字很醒目："而感到幸福"，校园里所有的孩子都知道，前面被遮挡的字是"让人们因我的存在"。

走过来几个男孩，很有礼貌地和我这个陌生人打招呼："老师好！"

我叫住他们，问："你们是初一的吧？"

男孩们都点头，说："是的，七年级。"

我又问："哦，进学校快半年了。学校怎么样？喜欢吗？"

他们异口同声："喜欢。"

我笑了："随口说的，还是真喜欢？得说个理由。"

有一个男孩说："老师很好。"

还有一个男孩说："学校活动多。"

另一个附和道："对，对，活动很多。好玩儿！"

"什么活动？"我问。

他们七嘴八舌地说："就是社团活动。"

我又问："有哪些呢？"

"科学、历史、地理、美术、体育、舞蹈、音乐……"他们说。

有一个男孩说："我参加的是科创，有无人机，太好玩儿了！"

我又问："你们作业多吗？"

他们一时不知如何回答。

我换了一个角度："你们每天晚上几点睡觉？"

有的说"九点"，有的说"九点半"。

我有点吃惊："那么早就睡觉，作业都做完了吗？"

他们都说："做完了。"

这点让我特别高兴。虽然"减负"喊了很多年，可现在熬夜做作业的孩子依然不少，睡眠不足的孩子恐怕不在少数。

不过我想，初一的孩子作业少一些也正常。那初三呢？

准备离开学校的时候，看见前面有两个女生，估计是初二或初三的。我叫住了她俩："同学，我能问你们几个问题吗？"

她俩回头，吃惊的眼神好像在问我："你是谁啊？"

我笑了："你们一定想知道我是谁吧？我先不说，等你们回答了我的问题我再告诉你们。好吗？"

两个小姑娘点点头。

我问她们是几年级的，她们说是初三的。

我说："哦，下学期就毕业了，学习压力大吗？"

她俩好像有些害羞，点了点头，没说话。

我直接问："现在你们晚上几点睡觉？"

她俩都说："十点钟的样子。"

"啊？这么早啊？"我问，"作业能做完吗？"

她们告诉我，能做完，因为学校有晚自习，都能做完。

我又问："晚自习是几点结束？"

"八点钟。"她们说。

"哦，那你们的睡眠是能够保证的。每天大概能睡多少小时？"我问。

一个女孩回答我："八小时的样子。"另一个女生说："我也差不多，有时候还多一点吧！"

问了睡觉，我又问伙食："对学校食堂的饭菜印象如何？好吃吗？"

一个女孩说："我不在学校吃，我中午回家吃饭。"

另一个女孩说："总的来说还行，但有时候也不太好吃。"

我表扬她："对，我就喜欢你说实话，我一定把你的话转告学校领导。"

我又问："快毕业了，你们对学校印象最深的是什么？"

她俩想了想，一人说："老师特别好！"

我追问："好在哪里？"

"特别认真负责。""很关心同学们。""课讲得好。"……她俩说了好几条。

我问她俩："学校的校训是什么？"

她俩脱口而出："让人们因我的存在而感到幸福！"

我很高兴，问："你们知道这话是谁说的吗？"

她俩都摇头。

我说："是我说的。"

小姑娘们睁大了眼睛。

我说："我原来是这个学校的校长。"

她俩都笑了，问："您为什么不继续当校长呢？"

我说："我退休了呀！"

最后我问："你们对明年中考有什么期待啊？"

两个小姑娘一时语塞，几秒钟后，她俩都说："争取考上高中。"

这个回答让我感觉到，她俩估计不是那种成绩很好的学生。我说："能够考上重点高中当然好，没考上重点高中，甚至连高中都没考上，也不要气馁。记住我的话，中考固然关键，但与几十年人生相比，毕竟也只是一次考试，未来还有许多机会在等着你们。我送你们一本书，这本书是我写的，叫《教育的100种可能》，我在里面写了几十个学生的故事，包括我在这里教书时教过的学生，其中有教授、学者、企业家、飞行员、艺术家，也有公交车司机、银行职员、乡村教师……有的赫赫有名，有的默默无闻。他们有的是名牌大学毕业，有的连大学都没考上，但最后都有出息，因为他们都成了最好的自己。我希望，你俩尽最大的努力取得中考的胜利，但即使结果不理想，也不要灰心，好吗？回去后，我一定给你俩寄书。”

告别了两个孩子，我心里一直充盈着快乐。

不当校长已经八年半，但学校在继任者衡智蓉和邓澜两位校长的管理下，不但保持了优良传统，还发展得越来越好。比如，我刚才看到的菜园子，就是我当校长时没有的。

武侯实验中学的校长其实不好当，因为按照世俗而势利的眼光看，这里的学生大多是当地失地农民的孩子，还有不少是进城务工人员的子女，属于有些“名校”不愿招收的孩子。可是，这么多年来，武侯实验中学的老师们守着这些孩子，爱着他们，不但让学校的办学质量包括教学质量不断提升，而且让每一个孩子都享受着成长的快乐！

今天，我即兴而随机问的几个孩子，让我听到了他们真实的回答。这里的孩子真诚地爱学校，爱老师，而且每天晚上都能睡一个好觉。仅凭这几点，我就为武侯实验中学感到自豪。

和大多数学校不一样的是，武侯实验中学的校园里除了校训“让人们因我的存在而感到幸福”和新教育宗旨“过一种幸福完整的教育生活”之外，没有任何地方写着“办学理念”“学风”“教风”“校风”之类的文字，也没有任何“领导关怀”的照片橱窗，更没有摆出荣誉奖牌（其实，学校获得的荣誉也不少）……

因为包括我在内的历届校长和学校所有老师都认为——

只有孩子喜欢的学校，才是真正的好学校。

学生喜欢怎样的教师？

有些说法叫“智慧课堂”，还有“智慧校园”，等等，其实就是现代信息技术在课堂和校园的运用。这当然是好事，但所谓“智慧课堂”这个说法其实是有问题的。请问，“智慧”是人的，还是计算机的？

智慧是人所特有的，是生命所具有的基于生理和心理器官的一种高级创造思维能力。这种能力，只能是人的大脑所独有的。虽然现在出现了人工智能，但无论人工智能以怎样的方式呈现，其智能还是人赋予的。所以我说，“智慧课堂”的说法，在某意义上是荒唐的。

人的智慧包括思想、情感，等等，只能是人独有的。今天我要说的教师的人文素养也只能是属于人的，而不是任何App的！

所谓“教师的人文追求”，“追求”什么？我认为至少有三点：第一，技艺与智慧；第二，学识与胸襟；第三，情感与理想。我这里是按重要程度倒序排列，我把最重要的“情感与理想”放在最后说。

先说技艺与智慧。

这是一个教师能够胜任工作的基本能力。一个老师首先要在课堂上征服学生。你有没有爱心，第一堂课学生可能感觉不到，这需要长期接触后才能感觉到。但你上课有没有水平，学生第一节课就能感觉到了。所以，所谓“技艺与智慧”，体现在课堂上，就是要让学生迷上你的课，通过第一堂课就让学生喜欢你！

学生喜欢怎样的教师呢？我曾写过一篇文章，谈学生眼中语文教师的魅力——有学问，有思想，有情趣，有才气，有胸襟……我觉得这些魅力也适用于各科教师。有学问，就是讲课时信手拈来，旁征博引，学生觉得这位老师肚子里有货。有思想，就是对教材有自己独到的理解，而不是人云亦云，能够以自己的思考点燃学生的思想。有情趣，就是潇洒幽默，妙趣横生。有才气，就是写一手好字，写一手好文章，口头表达能力强。有胸襟，就是能够以民主的气度，容纳学生的不同观点，并且平等地讨论。

再说学识与胸襟。

教师首先是完整的人和知识分子。傅雷在给儿子傅聪的信中说：“首为人，次为艺术家，再为音乐家，终为钢琴家。”我以这个逻辑层次对老师们说：“首为人，次为知识分子，再为教育者，终为学科教师。”所以在这个意义上，我不太赞同“教师专业成长”这个说法，因为这个说法很容易把老师局限于学科专业。前文我也说了，教师必须具备学科教学的技艺，否则就谈不上是一个合格的教师。但学科教师是最后一个层次，在这之前你首先是人，是知识分子，是教育者。只有站在人的高度，站在教育者的高度，我们才会拥有真正的学识与胸襟。

那么，知识分子应该有着怎样饱满的灵魂？他人格独立，思想自由，个性鲜明，灵魂飞扬……总之，教师要有广阔的人文视野，心中要装着历史，装着天下。

每一位教师尤其是年轻教师，一定要给自己寻找一个文化参照，树立一个教师标杆。我国有许多著名的教育学者，面对他们，我们有什么感受？我个人的感受是，在老一代大师面前，我们连学者都算不上！我虽然有博士学位，但当校长时办公室给我做名片，我划掉了“博士”二字，为什么？心虚。和这些大师比，我真的很惭愧。这些大师有的文凭很低，但他们的学问却很高。我们就要以他们为文化参照。

钱梦龙老师只是一个初中毕业生，可现在成为我国的语文教育大师。他说：“博览群书是一个教师成长的主要途径。”所以，学识与胸襟是连在一起的。读的书越多，视野越开阔，对人生的理解便越通透。我的岳父也是一位这样的知识分子，他一生都不过是一位普通的中学语文教师，但无论讲学问还是人格，他都是我身边的巴金、钱锺书。有一年我请他到我班上给高一孩子上课，孩子们对他佩服得五体投地！我在想，为什么一位年近九十的老师能征服这些少年的心？怎么会没有代沟呢？那是因为，这位长者拥有源于文化的人格魅力！钱梦龙老师和我的岳父，就是我的教师标杆。

晏阳初是我特别敬佩的一位拥有世界声誉的教育家，遗憾的是，我估计当今中国可能至少有一半的老师不知道他的名字。但我认为，晏阳初应该是我们每一位教师的文化参照和教师标杆。

最后谈情感与理想。

前面谈到的教师追求，都必须有一个前提，就是热爱教师这个职业。我特别尊敬的于漪老师曾说：“与其说我一辈子做语文教师，不如说我一辈子学做语文教师。”

每一位教师都应该有一种特别的幸福感，有专业信仰，即为所教学科而感到由衷自豪！英语老师以自己教英语而感到幸运，数学老师以自己教数学而深深自豪。我这辈子最骄傲的事，就是我的爱好和职业完全融为一体，因而几十年来，我始终站在讲台上。当校长的时候，我也没有离开讲台。因为对我来说，站在讲台上是最幸福的。

2018年春节，我教的第一个班的学生和我聚会，有人说：“李老师，您教我们的时候，我们每天都盼着上学！”这是对我的最高评价，也是我的最高荣誉！他们说：“您今年要退休了，能不能在退休前再给我们上一堂课？”于是，就在那年暑假，我们重返校园，去到我们曾经上课的阶梯教室，在那里，我给他们上了最后一课。学生来自全国各地，有一家三口，有一家三代，都来听我的课。那一刻，我真的觉得自己是世界上最幸福的人。

正如二十多年前，我曾在拙著《花开的声音》序言中写道——

我不止一次地庆幸我是一个教师，因为与青春同行使我的心永远年轻；而且我特别庆幸我是语文教师，因为这使我能用一双“文学的耳朵”随时倾听“花开的声音”，并把这种世界上最美的声音用文字表达出来……

无论“好课堂”还是“好教育”，都应该“好玩”“有意思”

先说什么是“好课堂”。

关于“好课堂”的标准或特征，已经有许多老师和专家从不同的角度进行了概括——这个“原则”，那个“维度”，还有各种“性”（比如“生成性”“互动性”之类），包括“要有生命的涌动”“要把学生引向诗和远方”等表述，我都同意。这些概括丰富了我们对好课堂的理解。

但我想根据我的课堂实践，为“好课堂”的标准提供一个朴素的理解：所谓“好课堂”，就是“有趣”加“有效”。

有趣，就是能够吸引学生，让学生在课堂上兴趣盎然，心情愉悦，如沐春风，觉得时间过得很快，下课后盼着第二天再听这位老师的课。有效，就是教师完成了教学任务，而学生们有成果——无论是知识的、能力的、情感的，还是思想的，总之有收获。

有趣，是手段；有效，是目的。如果只是有趣而没有效，课堂就成了看小品，搞笑而已。但如果课堂没趣，只追求所谓的有效，一味地灌输，这样的课学生不爱听，也很难达到真正的有效。

如何才能达到“有趣”？方式有很多：语言诙谐风趣，让课堂妙趣横生；

将知识和学生的生活相联系，让学生觉得学知识其实就是学生活；引导课堂讨论甚至争鸣，让学生思想碰撞；组织学生参与课堂教学，让学生自主学习……这些都能让学生感到课堂有趣，从而全身心地投入。

如何才能达到“有效”？方法和途径也有很多，但我认为其中最重要的一点是，把教师“教”的过程变成学生“学”的过程，而所谓“学生‘学’的过程”，应该是学生彼此之间互相讲解知识的过程。因为最好的学习，就是给别人讲，这是个常识。多年来我们一些老师把这个常识忘记了，不停地给学生讲，却不让学生讲。于是，知识在我们教师头脑里越来越深刻，学生却什么都没记住。而近年来不少学校的老师遵循了这个常识，并利用了这个常识，让学生在课堂上不停地给别人讲，其成绩当然就提升了。“有效”当然不仅指成绩提升，但这是一个最重要也最直观的指标。

再说什么是“好教育”。

顺着“好课堂”的标准，我认为，所谓“好教育”，就是“既有意义，又有意思”的教育。

“有意义”，是站在教育者的角度说的，即我们的责任、使命、理想，我们的教育目的，我们所要传递给学生的真善美的品质，还有要培养的公民意识与创造精神，以及要点燃的思想火花和要拓宽的海洋般开阔的胸襟与视野……

“有意思”，是站在孩子们的角度说的，即有趣，浪漫，好玩儿，妙趣横生，其乐融融，心花怒放，欢呼雀跃，心灵激荡，泪流满面——或是教室里老师讲的一个跌宕起伏而又感人肺腑的故事，或是师生之间在田野上的追逐以及让风筝在蓝天写诗……

这当然是形象的说法，其实我要表达的观点并不新鲜，无非就是“寓教于乐”。我这里要强调的是，如果我们的教育只有“意义”，那便成了空洞乏味的说教；如果我们的教育只有“意思”，那便成了浅薄低俗的娱乐。既有意义又有意思的教育，才是完整而完美的教育。

但今天提起这个话题，我并非想“既要……又要……”地全面重视“意义”和“意思”。不，在任何一个时代，我们所强调的，总是我们所忽视的。比如，今天的教育主要是“意义”过度而“意思”不足。从总体上说，我们的教育还是说教比较多，而符合儿童心理特点的趣味不够。所以，我今天要呼吁：请让教育多一些“意思”！

让教育“有意思”，其实就是苏霍姆林斯基所提倡的，让教育的痕迹尽可能淡化：“在自然而然的气氛中对学生施加教育影响，是这种影响产生高度效果的条件之一。换句话说，学生不必在每个具体情况下知道教师是在教育他。教育意图要隐蔽在友好和无拘无束的相互关系气氛中。”

无数优秀教师的成功经验已经证明，教育的意图隐蔽得越好，教育效果就越佳。不动声色，不知不觉，了无痕迹，天衣无缝，润物无声，潜移默化……这些都是教育的艺术，也是教育的境界。

这样的学校我佩服！

这次，我以新教育人的身份赴甘肃省静宁县义务支教。

去静宁的交通不是太方便，我傍晚着陆在兰州中川国际机场，然后经过近四个小时的车程，抵达静宁县已是深夜。

虽然在静宁只待了一天，我却收获了许多感动。

在静宁二中的礼堂，我给全县的学校干部和骨干教师讲了一天故事。上午围绕“人是教育的最高价值”并结合当前的热词“数字化”“高质量”给老师们讲了我理解的“好的教育”；下午，我以自己的成长经历为例，通过一个又一个故事，讲了“职业认同”的话题，勉励年轻教师——每个人的内心深处都潜藏着一个卓越的自己，要用一生的时间去发现那个让自己吃惊的“我”。

上午，老师们还比较拘谨，虽然一双双眼睛都非常专注地凝视着我，可我能感觉到他们某种可能是出于礼貌的内敛；下午，老师们完全放开了，从头到尾，笑声不断，掌声不断，当然，还有泪水不断。我忍不住问大家：“中午你们吃了什么啊，下午变化这么大？”其实我心里很清楚，不是我讲得有多好——当然，我讲得也不算差，而是我的讲述，引起了大家的共鸣。对于教育，我们有着共同的热爱和理解，我说出了他们想说而没有机会说的话。所以，与其说他们为我欢笑、鼓掌和流泪，不如说他们是在为自己欢笑、鼓掌和流泪。

走出礼堂已经下午五点过了，在极富书生气质的梁斌局长的陪同下，我来到静宁三中参观。

一走进教学楼，我就被一阵欢快的民乐演奏吸引了。走进一间大教室，上百个穿着校服的孩子，正在一位老师的指挥下演奏《春节序曲》。这些学生看上去就是农村孩子，但演奏起来却有模有样，而且都非常投入。

校长告诉我，这个学校94%的学生都来自农村。然而，我眼前的这些孩子，虽然模样上还有些乡村气息，但他们的演奏已经很专业了。

来到一个演出厅，我看到的俨然是一个非常专业的交响乐团。这是学校的管弦乐队，孩子们正在演奏一首世界名曲，气势磅礴，极富感染力。我用手机拍下了孩子们演奏的全过程。演奏完毕，我忍不住给他们鼓掌："太棒啦！"

我问孩子们："以前学过乐器吗？"他们都摇头。我说："我刚从日本考察教育回来，日本的中小学也有类似的社团，他们叫'俱乐部'。但是，我看到的几所日本学校的俱乐部活动，比你们差远了！"

又经过一间教室，我听到了《北京的金山上》的旋律，进去一看，是一位舞蹈教师正在带着孩子们练习舞蹈基本功，小姑娘们的舞姿给我留下深刻的印象。旁边不远，是一间声乐教室，一位女教师正弹奏钢琴，一排排站着的孩子在练习发声。我继续往前走，看到绘画的孩子、练习书法的孩子……

静宁三中地处城郊接合部，在校学生2949名，其中农村学生占94%；留守儿童248名，低保、特殊救助学生145名，单亲家庭学生104名，孤儿、残疾学生20名。它原是一所基础薄弱的学校，备受社会质疑、家长排斥。

如果我说"静宁三中的变化全部归功于新教育实验"，显然是夸大其词，因为静宁三中的教育改革并非始于新教育实验。但是，作为新教育实验学校，新教育理念推动了静宁三中的教育发展，这是事实。

何轲校长和现在继任的袁校长结合新教育实验，带领学校通过书香校园、共写随笔、理想课堂、卓越课程等行动走出了一条由弱变强、由强变优的发展路子。他们的主要行动有四项：营造书香校园，开启师生读书工程；师生共写随笔，开展新教育生命叙事；构建理想课堂，焕发课堂生命活力；研发卓越课程，培养学生艺术素养。

为了让农村孩子和城市孩子一样自信从容有尊严地生活，自2015年开始，何轲校长决定强化艺术教育和社团活动，开齐开足上好国家艺术课程。学校每天中午安排10分钟用于音乐伴写字，全校学生在古典音乐伴奏下共写中华诗文；七年级每周还开设一节书法课，旨在做好艺术教育普及工作。

但这在当时遭到了很大的阻力。因为在许多人看来，分数才是硬道理，开展应试教育才是正道，让娃娃学这些“虚头巴脑的东西”，没用！况且农村孩子，一点艺术基础都没有，零基础培养，谈何容易！

但何校长没有动摇，更没有退缩，而是继续探索着符合农村孩子特点的艺术教育。学校根据学生兴趣，研发校本课程45门，先后开办乐团17个，努力让学生人人有特长，个个有才艺，生活更有趣，生命更精彩，过一种幸福完整的教育生活。

学校在2013年组建教师乐团之后，于2015年创建学生管乐团，2016年又创建学生民乐团。几年来，学校的艺术教育成绩斐然——

2015年以来，学校先后组建17个学生乐团，1700名学生加入乐团学习。同时，学生乐团多次参加国家、省市中小学艺术展演，均获大奖：2017年8月，静宁三中晨曦管乐一团参加大连首届国际管乐艺术节，得到专家和大连市民的一致好评；2018年5月，晨曦管乐二团赴上海参加“中华杯”中国第十二届优秀管乐团队展演，荣获“优秀乐团”奖（二等奖）；2019年5月，晨曦管乐三团赴上海参加“中华杯”中国第十三届优秀管乐团队展演，荣获“示范乐团”奖。截至2023年11月，学校有10个乐团1000多名学生顺利毕业，全部考入普通高中；已有5个乐团400多名学生参加高考，几乎全部升入高等院校，其中考入音乐学院的有10名学生。

令人信服的是，新教育实验全面提升了整个学校的教育品质。学校研发卓越课程，加强艺术教育，不但解决了学生厌学、辍学问题，而且使学生的习惯变好了，精气神提升了，综合素养提高了；同时，一系列艺术教育和社团活动不仅没有影响学生文化课的学习，反而还有促进作用，学校教学质量稳步提升，中考成绩连创新高。现在，静宁三中学生和学校风貌焕然一新，学生由要求转出变为要求转进；学校荣获“全国中小学中华优秀文化艺术传承学校”和“甘肃省文明校园”称号，2023年10月20日接受全国文明校园专家组测评，分数名列平凉市第一。

其实，几十年来，我见过太多大城市名校的管弦乐团，高水平的学生演奏见多了，按说我不应该这么惊讶的。但静宁三中孩子们的演奏实在太震撼！因为他们几乎都是农村孩子，之前从没学过乐器，如今却能演奏中外名曲。

说实话，那些大都市名校管弦乐团的孩子，大多生于条件比较优越的家庭，父母从小就送他们学习管弦乐，学校不过是按艺术特长生标准招收这些孩子而已，然后集中起来训练演出。因此，孩子的音乐特长是其父母培养的，基本上和学校无关。当然，我说的是孩子的“艺术特长”与学校没多大关系，并不是否认学校的提升作用。艺术特长生进校后，学校进一步培养，提供更好的条件和机会，比如在许多平台展示，这都是学校的作用。但静宁三中94%的孩子都是标准的农家子弟，父母都是农民，他们的艺术特长全是进了学校从零开始培养起来的，而且人人都有一项艺术特长。这样的学校，我佩服！

我想，这里的每一个孩子，一辈子都会感谢母校的。

守望与同行

守住良知，遵循常识，牢记责任

躬行实践，充实思想，心怀天下

用心带好每一个班

精心上好每一堂课

真心爱着每一个娃

我理解的“教育家精神”

最近，“教育家精神”这个词火了起来，也许这反映了人们对教育家的期盼甚至渴望——即使暂时出不了太多的教育家，那至少应该有更多的人具备教育家精神吧？

对这个概念，应该允许有不同的理解，或者说，允许人们从不同的角度丰富“教育家精神”的内涵。在这里我就不重复大家熟知的对这一概念的权威诠释了，只想谈谈我个人的理解。

我认为，所谓“教育家精神”就是一个教育者内心所蕴含并通过教育实践所散发出来的真正的知识分子的气质。这种气质体现为使命的担当，实践的生活，思想的力量，天下的视野。

使命的担当。这个使命就是青年鲁迅所说的“我以我血荐轩辕”，就是以自己的全部学识、才能乃至生命报效自己所热爱的国家。这就是通常所说的“教育报国”。当然，对千千万万一线教师而言，报国使命不是体现在口头上宏大而漂亮的爱国口号，而是将这种爱国情怀转化为每一天的教育行动，即上好每一堂课，带好每一个班，把每一个孩子都培养成中华民族的优秀公民（不仅仅是显赫的国之栋梁，也包括正直、善良、勤奋的普通劳动者）。无论将来从事什么行业，他们都是在人格上顶天立地的中国人。我们在培养中国未来的公民，每一位教师都应该有这样的自觉意识。这就是我们使命的担当。

实践的生活。教育家首先是身体力行的教育实践者，而且必须是第一线的教育实践者。苏霍姆林斯基在他的第一本教育专著的序言中写道：“我在一所乡村中学工作了整整三十二年，我现在决定把这本书取名为《我把整个心灵献给孩子》。我认为我是有权利这样说的。如果要问我生活中最主要的东西是什么，我会毫不犹豫地回答：对孩子的爱。”在一所乡村中学工作了整整三十二年，这种实践就是苏霍姆林斯基的生活。我还想到了伟大的陶行知。“人生为一大事来，做一大事去。”陶行知不但是这样说的，更是以自己身体力行的实践，向孩子们也向他所热爱的老百姓捧出了他的一颗心。为了“使全中国人民都受到教育”，他毅然脱下西装革履，抛弃大学教授的优裕生活，穿上布衣草履，奔赴乡村，面向中国最广泛的社会生活，为中国的劳动人民而从事着他最神圣的教育事业。他说：“只要是为老百姓造福，我们吃草也干。”这种超越世俗的精神，正是陶行知成为教育家的原因之一。

思想的力量。帕斯卡尔在《思想录》中有一句话经常被人引用：“人只不过是一根芦苇，是自然界最脆弱的东西，但人是一根会思想的芦苇。”知识分子手无寸铁，但因思想而不可战胜。我这里所说的“思想”，更多的是一个动词，即“思考”，特别是富有个性的思考。没有哪个教育家不具备独立思考的能力。对普通老师而言，时代风云、社会变革、国家命运、民族未来……都应该装在心中，但更应该思考自己的课堂、自己的班级、自己的成长。有思想的教师总是富有鲜明的心灵自由与精神个性，这是知识分子的宝贵品质。教育家无一不是心灵自由的人，弘扬教育家精神就应该尊重教育者的心灵自由。这种思想的个性体现于实践，往往就是创造性。创造性总是与思想个性相联系，没有思想个性，就绝对不会有创造性。当然，尊重个性，并不是取消统一的教育指导思想，社会主义办学方向、立德树人的教育目标，都是我们必须遵循的。

但任何高屋建瓴的伟大理论，都不能取代千千万万一线教师富有创造性的实践，而凡是具有创造性实践精神与能力的教育者，往往都是个性鲜明的人，他们有自己标新立异的思想，有自己与众不同的做法。如果我们扼杀了教育者富有个性的思想，也就扼杀了普通教育者成长为教育家的可能。

天下的视野。著名学者周有光有一个观点：要从世界看中国，而不是从中国看世界。他的原话是："鱼在水中看不清整个地球，人类走出大气层进入星际空间会大开眼界。今天看中国的任何问题都要从世界这个大视野的角度，光从中国的角度是什么也看不清的。"无论是整个世界的历史，还是百年来中国的时代变迁，都证明了周有光先生这几句话的正确性。清王朝之所以最终覆灭，就是因为所谓"大清"是从中国去看世界的；而中国从1978年开始的改革开放，就是邓小平、胡耀邦等老一辈革命家以"从世界看中国"的眼光，带着中国人民走向民族复兴。如今我们正在奋力迈向的中国式现代化，依然是走在"从世界看中国"的征程上。再看中国20世纪前半叶教育界的璀璨群星：蔡元培、陶行知、马相伯、张伯苓、晏阳初、梅贻琦……哪一个心中不是海阔天空？作为普通的一线教师，如果不是仅仅把职业当作谋生的手段（这当然是必须的，但又不能仅止于此），那么必然会把眼光从眼前的讲台投向窗外的远方。即使我们一辈子都必须立于三尺讲台，但这并不妨碍我们心中装着世界。所谓"脚踏实地，仰望星空"，就是作为知识分子的教师应有的天下视野。

可以说，包括"镇西茶馆"读者在内的一切有追求的教育者，都是有潜在教育家精神、知识分子气质的教师。其实，不必随时想着自己是不是能够成为教育家，甚至不必随时把"教育家精神"这几个字挂在嘴上，只要守住良知、遵循常识、牢记责任、躬行实践、充实思想、心怀天下，用心带好每一个班，精心上好每一堂课，真心爱着每一个娃……或许在将来，我们就是别人眼中的教育家。

什么样的师生关系，才是“好的教育”？

“好的关系就是好的教育”，这句话近年来被越来越多的教育者所认同。

这句话我最早是从孙云晓文章中读到的；后来丑小鸭中学的詹大年校长在讲他和学生的故事时，也常说“好的关系就是好的教育”；最近，李希贵校长也说“教育学首先是关系学”。其实这个观点就像“没有爱就没有教育”一样没有首创者，因为它不过是常识。

但是，什么样的“好的关系”，才是“好的教育”呢？我认为，能够成为“好的教育”的关系，至少应该具备以下五个特点——

第一，蕴含教育。

通常说的和谁“搞好关系”指的是与他和睦相处，不发生矛盾，彼此相安无事。有的老师甚至把和学生搞好关系，理解为尽量不得罪学生，甚至讨好学生。我们这里说的关系显然不是这样的。和一般的人际关系不同，师生关系最本质的特征就是教育性。如果取消了教育性，那么师生关系就沦为了庸俗的哥们儿关系。

也许是对过去“居高临下”“强制灌输”的教育方式的逆反，现在有一些老师忌讳说“教育”，而片面甚至极端地强调“无为而治”，大谈“陪伴”“静待花开”“牵着蜗牛去散步”……应该说，教育需要“陪伴”“静待花开”“牵着蜗牛去散步”，但教师在这样做的时候，也不能仅有陪伴，还必须要有不动声色的教育性。我曾在文章中说过：“如果教育只是陪伴，那和养猫养狗有什么区别？”

教育，意味着对下一代的积极影响。我们的责任、使命、理想，我们的教育目的，我们所要传递给学生的真善美的品质，还有要培养的公民意识与创造精神，以及要点燃的思想火花和要拓宽的海洋般开阔的胸襟与视野……教育者心中都应该非常明确，而且一刻也不能模糊。

只是这种一刻也不能模糊的教育意图，应该自然而然地融汇在师生关系中。正如苏霍姆林斯基所说：“教育者的教育意图越是隐蔽，就越能为教育的对象所接受，就越能转化成教育对象自己的内心要求。”

第二，体现平等。

一般来说，在成熟的心智、专业的能力和人生的阅历等方面，教师应该在学生之上，但就尊严而言，师生却是天然平等的；教师和学生不但在人格上、感情上是平等的朋友，而且在求知道路上也是共同探索前进的平等的志同道合者。

此外，师生在求知过程中所拥有的思考权利更是平等的。我们常说“真理面前，人人平等”，落实在师生关系上则意味着“吾爱吾师，吾更爱真理”。韩愈说：“弟子不必不如师，师不必贤于弟子。”意思是，学生的才学不一定不如老师，老师也不一定比学生贤能，所谓“道之所存，师之所存也”。

在课余，教师完全可以放下“先生的尊严”和学生打成一片，一起聊天，一起踢球，一起远足，甚至一起在草坪上摔跤……这时候，没有老师也没有学生，只有朋友。如陶行知当年对师范生所大声疾呼的那样：“未来的先生们！忘了你们的年纪，变个十足的小孩子，加入小孩子的队伍里去吧！您若变成小孩子，便有惊人的奇迹出现：师生立刻成为朋友，学校立刻成为乐园；您立刻觉得是和小孩子一般儿大，一块儿玩，一处儿做工，谁也不觉得您是先生，您便成了真正的先生。”

而教师与学生的平等交往本身也蕴含着教育性——今天的教师如何对待学生，明天的学生就会如何对待他人。

第三，充满互动。

解释一下，我这里说的“互动”特指师生人格的互相影响、思想的互相启发、智慧的互相促进、情感的互相依恋。

在传统教育中，我们往往强调教师对学生的引导、影响和转变，而忽略了学生对教师同样也有引导、影响和转变的作用。只是前者有意识、有计划，而后者则是无意识、无计划。

前面我说过，就成熟的心智、专业的能力和人生的阅历等方面而言，一般来说教师在学生之上，但在精神方面，师生却是互相学习、共同成长的。

陶行知在谈到“民主的教师”时，把“跟小孩学习”作为民主教师的必备条件之一。他解释说：“先生必须跟小孩子学，他才能了解小孩子的需要，和小孩子共甘苦。并不是说完全跟小孩子学，而是说只有跟小孩子学，才能拥有做民主教师的资格。否则即是专制教师。”

苏霍姆林斯基也曾这样告诫青年教师：“只有当教师在共同活动中做孩子们的朋友、志同道合者和同志时，才会产生真正的精神上的一致性……不要去强制人的灵魂，要去细心关注每个孩子的自然发展规律，关注他们的特性、意向和需求。”

从某种意义上讲，教育是师生心灵的和谐共振，是师生互相感染、互相影响、互相欣赏的精神创造过程。它是心灵对心灵的感受，心灵对心灵的理解，心灵对心灵的耕耘，心灵对心灵的创造。这是师生共同成长的精神历程。

第四，彼此信任。

师生的彼此信任，首先体现于双方在交往过程中都有一种安全感。学生不会害怕老师的和蔼可亲中包含着某种“计谋”，老师也不会担心因和孩子交往中某些失误而被孩子或其家长举报。无论教师还是学生，彼此坦诚相见，心灵不设防。

对教师来说，信任孩子就是把所有孩子都看作正在成长中的人，尽管有的孩子还存在着这样或那样的缺点甚至“恶习”，但哪怕是很多人眼中的“差生”，我们也要相信他们内心深处燃烧着要变得更好的愿望。

信任孩子，还意味着不要对任何学生进行有罪推定，不要班上一出了事，就想当然地认为“肯定是×××干的”。老师要尽可能不冤枉孩子，因为哪怕是一次被冤枉，孩子在心灵受伤的同时，对老师的信任也会严重削弱。“宁肯被学生欺骗一千次，也不要冤枉学生一次。”这是我当年的自勉自警。

教师还要珍惜孩子对自己的信任，包括宽容孩子在作文或其他文字形式中表露的“错误想法”。可以引导，但千万不要上纲上线地“批判”，更不可公之于众。无论孩子的想法多么幼稚错误，他在写出这些文字时，都是秉持着对老师真诚的信任。教育家吕型伟曾说：“如果孩子能对你讲悄悄话了，教育就成功了一大半。”当孩子遇到困难或苦恼时，第一时间想到老师，这是做老师的幸福，也是教育的成功。这份来自童心的信任，请各位老师务必珍惜。

第五，持续稳定。

尽管师生关系蕴含着教育性，但这绝不意味着师生交往充满“解决问题”的功利性，更不是为了“感化学生”而把与学生搞好关系当作一种临时性的权宜之计。良好的师生关系首先是基于教师对学生的关爱，和学生对老师的敬仰。无论是教学生一年两年还是三年五年，这份真诚的师生情感应该要始终伴随着我们。

尤其应该反对教师把对学生的“爱”当作一种“感情投资”。虽然和学生保持良好的关系能够让学生更乐意接受老师的教育，所谓“亲其师信其道”，但把情感当工具，就让教育成了“钓鱼”。而为了“钓鱼”抛出的“感情诱饵”，不可能维持稳固的良好师生关系。因为一旦教师没有获得期待中的“回报”——学生的进步，他很可能立刻恼羞成怒，所谓“好的关系”即刻瓦解。

只有没有功利性的良好关系，才可能是持续的；只有怀揣不图“回报”的爱，对学生的情感才可能是稳定的。

良好的师生关系还隐含着教师和学生家长的关系。持续稳定而良好的家校关系，同样重要。教师应该让家长感受到自己对教育的忠诚，对学生的真爱，对家长的尊重……这样的教师，无疑会让家长佩服。教师还应该让家长感受到自己的智慧、学识、才华、情趣，尤其是对教育的深刻理解……这样的教师，才会让家长放心。

只有令家长佩服和放心，我们才能顺利地与家长建立稳定的良好关系。

我一直非常欣赏泰戈尔的一句诗：“不是槌的打击，乃是水的载歌载舞，使鹅卵石臻于完美。”所谓“水的载歌载舞”，其实就是水与鹅卵石的亲吻与拥抱，正是这种美好的关系“使鹅卵石臻于完美”。

这难道不就是我们所期待和追求的师生之间“好的关系”吗？

学生和教师发生冲突时，校长应该站在哪一边？

那是我刚当校长不久。快下班的时候，办公室来了一群男生：“李老师，我们想和您说个事。”

我一看，有十来个人，都是初一（16）班的学生。

一进门，他们便纷纷说：“我们对语文老师有意见！”

他们的语文老师是阚乐（化名）老师。我问具体有什么意见，他们七嘴八舌地说——

> 批改作业不认真，有时根本就不批改作业，或者随便画一个半钩。
>
> 下午上课，有时候我们精神不好，她便骂我们。
>
> 我们没有考好，她也骂我们。
>
> 请课代表帮她改作业。很多试卷学生都批改得不正确，有时候分数乱给。
>
> 我原来不认真学，但后来改正了，阚老师却还是认为我不对，把我的作业放在班上“展览”。
>
> ……

听了学生们的话，我说："感谢你们对我的信任。但是，如果我以此便去批评阚老师，恐怕也不公平。我不能只听你们的，还是得做一些调查吧！"

我又问："你们能不能说说你们在语文学习上有什么不足？"

他们说："我以前上课说与学习无关的话。""我学习习惯不太好。""我学习不认真。"……

我说："如果你们学习能够更加认真，阚老师对你们的态度也许会更好一些。任何人都可能犯错误，包括我在内，阚老师当然也不例外。但是，你们可能不知道阚老师的情况，她现在远离丈夫和孩子，一个人在成都教书，而且只是代课老师，压力很大，很辛苦。这种情况下，她有时急躁一些，你们应该理解。当然，我并不是说她的一些做法就是对的。问题是，你们有没有想过直接和她沟通呢？"

他们都摇了摇头。

我说："为什么不试试直接和阚老师沟通呢？这样吧，我给你们一个建议，你们给阚老师写一封信，一定要非常诚恳地写。先写对阚老师的感谢，感谢她为你们辛勤地付出；然后向阚老师表示歉意，谈谈你们做得不够好的地方；在此基础上，再给她提意见。态度诚恳些，她一定能够接受的。我想，这种方法比我直接去批评她好得多。"

他们都接受了我的这个建议。

我又提醒他们："如果阚老师知道你们来告状，肯定会激化矛盾，这无助于问题的解决。因此，不要让阚老师知道你们来找过我，直接给她写信谈谈你们的想法。我想，效果一定不会差的。信写好之后，先给我看看，如果我觉得行，你们就交给阚老师，如果不行，我会给你们提出修改建议。好吗？"

他们都说好，有一个叫张放的男生主动争取执笔写这封信。

第二天，张放把他写给阚乐老师的信拿给我看——

阚老师：

您好！我们是16班的学生，请原谅我们以这种谈心的方式向您提出意见。

我们觉得您像是持有一种付出了就得有收获的观念，平时有些同学没做好，您就去骂他们，这点我们可以体谅，毕竟我们也知道您有难言之隐。但您也应该体谅一下他们的感受，或许骂他们，不仅不会使他们改变，还会让他们变本加厉，我们觉得您应该多与他们谈下心。还有，我们觉得您应该多了解一下我们班，不要总以旧的眼光来看待我们，只有多检查我们的作业，才能有针对性地实施不同的辅导。

俗话说得好，“人无完人，金无足赤”，您又不是神仙，不可能什么都完美，所以我们体谅您，也希望您能尽量改变。如果您觉得我们有什么说得不好的，还请您原谅我们的不懂事，也诚恳地希望您能接受我们的意见！谢谢！

这封信显然写得太简单，没有把问题说清楚。我把张放和陈楚找来，同他们商量了一下提纲。下面是我和两个学生共同拟定的提纲——

第一部分：阚老师因调动的事很焦虑，在这种情况下还认真地为我们上课，我们很感动；表扬阚老师：课堂笔记有什么错误就指出，严格要求，课堂气氛好；表达感激之情。

第二部分：自我批评：我们不懂事，也有许多做得不对的地方，让阚老师生气了。

第三部分：提意见。第一，骂同学的问题；第二，批改作业的问题；第三，不要用老眼光看人，要相信我们能够改正，对我们多一些耐心。

最后，再次表达感谢，同时请阚老师原谅我们的不懂事。

又过了一天，张放把第二次写的信拿给我看，我觉得不错，就帮他打成电子文本。在打字的时候我又略作了一些修改——

尊敬的阚老师：

您好！

请您原谅我们以书信的方式与您谈心。

听说您一个人在成都工作，生活上一定遇到了很多的困难，有时会很孤独，很寂寞，也无法与人倾诉，在这种情况下，您还认真地给我们上课，我们真的很感动。您督促我们认真仔细地完成笔记，您严格要求我们每一个人，我们有什么错误您都指出来，我们很感谢您。还有，您的课堂上气氛很好，同学们积极发言，您认真讲解，师生之间关系融洽。您是一位好老师，我们会永远感谢您！

可是，我们有时候却不听您的话。您上课的时候，我们有些同学老爱开小差，说小话；学习态度也不够端正，作业不是抄同学的，就是自己乱写。我们做的这些事，让您操心了，在这里我们向您认错，并感谢您对我们的帮助和教育！

“人无完人，金无足赤”，我们也借此机会诚恳地给您提一些小小的意见：第一，我们觉得您有时候骂同学，有时候对同学的态度太过火，这样不仅不会让他们改过，还会使他们变本加厉。我们知道您生气是因为同学们犯了错，您是想严格要求我们，但如果您采用骂人的方式，同学们还是不能改正的。第二，我们觉得您平时很少仔细批改我们的作业，我们也知道您是20班的班主任，平时很多时间都花在了他们的身上，于是叫课代表批改我们的作业。但是，我们希望您能挤出一些时间来批改我们的作业，因为我们也是您的学生啊！这样，您也可以多一些了解我们学习情况的机会。第三，我们觉得您老是用旧的眼光看待我们，对我们的看法一成不变，有些同学明明进步了，您却看不见。阚老师，您一定要相信我们能够改正，一定要有耐心，也许这样，您会发现我们的闪光点。

我们还是不懂事的孩子，给您提的意见不一定准确。但我们是真诚的。最后，我们要再一次向您表示诚挚的感谢。如果您觉得我们的语言有些过激了，那么请您原谅我们的不懂事，我们也会理解您的。

再次谢谢您！

初一（16）班部分同学

2007年5月22日

显然，第二封信中，学生在我的引导下，写出了阚老师的许多优点，并表达了感激之情。我不认为这是在教学生“圆滑”，相反，这是在引导孩子发现老师值得肯定之处，并教会孩子鼓励老师。实际上，孩子毕竟是孩子，看问题比较片面甚至偏激，老师有责任引导他们全面地看待老师。当然，我也保护了学生的直言，并没有因为要尊重老师便剥夺学生批评老师的权利。表扬也好，批评也罢，关键是真诚与尊重。

张放来拿信，我说：“这次，我不仅仅是在教你们写信，更是在教你们如何给别人提意见，教你们为人处事。你把这封信拿给那天一起来办公室找我的同学们看看，但要注意保密。如果大家没意见，你就悄悄把它放在阚老师办公桌上。信交给阚老师以后，注意一下她的反应和变化，并随时告诉我。我相信阚老师会有积极改变的。”

自从张放等人来“告”了阚乐老师的“状”后，虽然我没有找阚老师谈心，但在不同场合都对老师们正面讲了如何对待学生的问题，强调要尊重学生的人格。我想让阚乐老师通过这些话想到自己，但又不会感觉到我是在批评她。

看来我这个做法收到了效果。过了一段时间张放来找我，说不用交那封信了，因为阚乐老师这几天改变了许多，没有再骂同学们了。他说等以后阚老师又出现骂同学的情况，再把这封信交给她。我说：“好，这样很好！”

但实际上，从那以后，我再没有听到任何学生对阚老师的“举报”，反而不时听到同学们对她的好评。现在，阚老师已经成长为一位很优秀的老师。

因此，信一直没送出去，而写信的学生早已毕业了。我想，这封信永远都不会送出去了，因为阚老师已经不需要看这封信了。

而这，正是我希望达到的效果。

校长应怎样为受了委屈的老师撑腰?

一

2009年4月7日，星期二，夏蕖（化名）老师告诉我，她在初二（5）班上课时被班上的一个男生骂了。话没说完，便流泪了。

我第一反应是很生气，便马上找来班主任，请他教育这个学生。我强调：“无论出于什么原因，学生当众骂老师绝对不能容忍！”

第二天，班主任找到我，说事情已经解决了，这个学生已经向夏老师道了歉。

我说：“这事还没完，仅仅向夏老师道歉还不行。我以前就讲过，凡是公开辱骂老师的学生，必须在全校向老师认错道歉！”

班主任有些为难：“这个学生很叛逆，恐怕不会同意。”

我说：“我找他谈，你让那个男生到校长办公室来一下。”

我在办公室一边做事一边等待，结果行政办公室通知说，区人大视察的领导来了。我赶紧到校门口迎接领导，然后陪着他们参观校园。转着转着，突然想到，那个男生可能已经到我办公室了，便让学校张书记陪陪领导，我转身快步走进办公室，看到那个男生端端正正地站在我的办公桌前。

看到据说很“叛逆”的孩子居然这么规矩地站着，我有些意外，心里的气也消了不少。

我请他坐下。他有些紧张地看着我，说“不用坐”，我明确地说：“请你坐下你就坐下嘛！”他只好坐在我面前的沙发上。

我先表扬了他按时到我办公室并等我，然后问他叫什么名字，他说他叫“张宇强”（化名）。我又问他骂老师的经过。原来，那节课上，他喝完水便往教室后面扔水瓶，影响了上课，夏老师很生气地批评他，他不服气，觉得老师小题大做，便嘀咕了一句“扔个水瓶又怎样了嘛”，夏老师让他站起来，他一下就火了，不但不站起来，还大声骂夏老师，语言极为下流。

这是我第一次听说这个细节，听完更加愤怒：“你扔瓶子本身就不对，直接影响了夏老师上课，老师批评你，你还骂老师，而且还用这么下流的语言，这是在侮辱夏老师！”我的语气不知不觉严厉起来。

眼前的他十分恭顺，低下头，说：“我错了，我昨天已经向夏老师道歉了，她说她原谅我了。”

我说：“你已经向夏老师道歉，这当然好，但我以前在全校大会上说过，凡是在公开场合骂老师的同学，必须在全校向老师道歉。下周的升旗仪式上，你必须读你的检查，向夏老师公开道歉。”

他表示同意。

我态度缓和了下来，说：“张宇强同学，你虽然犯了错误，而且是很严重的错误，但现在很诚恳地认错，并表示愿意在全校大会上向老师道歉，这该表扬。”说着，我拿出一颗糖：“奖励你知错认错！希望你还能够改错！”

他接过糖，说：“谢谢李老师！”

二

送走了张宇强，我来到夏蕖老师的办公室，说了我教育他的经过，对她说：“孩子已经认错，你也要宽宏大量一些，毕竟是孩子嘛！”

她说：“我已经原谅他了。”

我问她：“你现在想想，昨天的事可不可以避免？”

她一下没反应过来，不解地望着我。

我解释道：“我的意思是，昨天发现他扔矿泉水瓶后，如果换一种方式处理，能不能避免他骂你？我想，这事儿虽然已经发生了，你也原谅了学生，但为了避免以后再发生类似的事，我们可以从自己的角度进行一些回顾和反思。”

她说：“他的行为严重干扰了我教学，我自然要批评他呀！”

我笑了，说：“不是说你不应该教育，而是还有没有更智慧的做法？”

她想了想，摇摇头：“我实在想不出其他办法。”

我说：“你刚工作两年，经验不足，可以理解。如果是一位老教师，他也许会有这样一些做法，比如，发现学生扔矿泉水瓶后，一言不发，用严肃的目光盯着他，盯他几秒钟，一般来说，做了错事的小孩是经不起盯的，他会很心虚地低头，然后教师继续上课，等下课后再找他谈心。或者，可能会调侃几句：‘哟，谁这么有本事啊，那么远的距离，居然这么准地扔进了垃圾桶，身怀绝技啊！’大家轻松一笑，化解了当时的紧张气氛，教师继续上课，这个问题留待课后解决，这不也很好吗？还有，教师甚至可以装作不知道他扔了瓶子，浑然不觉地继续上课……这些做法，不是放纵犯错的学生，而是避免激化矛盾。如果你选取其中任何一种做法，或者还有更机智的做法，昨天学生骂你的事都很难发生。”

她若有所思地点点头，然后很真诚地说：“李老师，我发自内心地接受您的说法。也怪我急躁，没控制住自己的情绪。”

我笑道：“我年轻时比你还急躁呢！说不定当场就会跟他起冲突呢！这个男生虽然已经向你道歉，你也原谅了他，但你还得继续教书，如何避免今后再发生类似的事？这就是我今天找你聊这件事的原因。”

三

按说，这事已经解决，但我依然决定将其扩大为“公共事件”。我校地处城郊，89%的学生来自当地失地农民家庭，还有少部分是进城务工人员子弟，相对而言，父母文化素养不高。在我当校长之前，甚至发生过课堂上男学生打女教师的事件。因此，我决定以这件事为契机，让全校学生接受一次教育。

但有一个问题让我一直很纠结。让张宇强在全校师生面前读他的检查，向夏蕖老师道歉，会不会损害他的自尊心？毕竟他只是在他班上犯了错，现在让他在全校认错，这是不是一种“示众”？毕竟他只是一个初二的孩子。

既要维护教师的尊严，又要保护孩子的面子，还要教育全校学生，我想到一个三全其美的办法：由我替犯错学生读检查，隐去犯错学生的姓名和他所在的班级，只说这件事儿，重点不是谴责这个孩子，而是讲清楚这件事的恶劣性质，进而警示全校学生。

我又把张宇强找来，对他说了我的想法，还解释说：“我会作一次演讲，演讲中当然会说到学生骂老师的事，但我说的‘孩子’已经不仅仅是指你了，而是指所有骂老师的孩子，因此你一定要理解，不要误以为李老师在批评你一个人。你明白我的意思吗？”

他点头表示理解。

做好孩子的心理疏通工作后，在2009年4月13日周一早晨的全校升旗仪式上，我作为武侯实验中学的校长，代张宇强读了他的道歉信——当然隐去了姓名和班级。

然后我以“孩子，你为什么要骂老师”为题向全校师生发表了一次演讲。我虽然是因张宇强犯错而发表演讲，但这个演讲所针对的不仅仅是那个犯错的孩子，而是所有说脏话的学生。也就是说，我演讲中这个“孩子”的形象，是所有说脏话的学生的总和。

我在演讲中特别谈到了学生的“理由”——

> 你也许会说：“老师的确做错了”“老师冤枉我了”“老师教育我的方式过分了”……姑且承认你说的这些都是事实吧，可这样你就该骂老师吗？老师做错了，作为一个懂事的学生，应该采用合适的方式与老师真诚地沟通。老师不是完人，更不是圣人——这个世界上其实没有完人，圣人也屈指可数，所以希望老师一点都不犯错是对老师的苛求。老师冤枉你了，这在教育过程中是无法避免的。想想，生活中你是不是也有误解或冤枉你的同伴和朋友的时候？仅仅是误解，你就可以辱骂老师吗？老师冤枉你了，课后找他解释不就行了吗？多大点事啊，你就非得辱骂老师？老师教育你的方式过分了，也不能成为你骂老师的理由。第一，老师是在教育你啊，方式也许急躁了些，但也是为了教育你，这片苦心你应该明白。第二，如果不是你做的错事太过分，老师也不至于这么愤怒，是你“过分”在先而把老师激怒的呀！第三，老师在气愤之中，也许没能控制住情绪，教育你的方式有些过分，这当然不妥，但你就应该“以暴制暴”吗？第四，如果说老师情绪激愤导致在批评教育你的时候语言失控甚至行为冲动，你知道这是为什么吗？这不仅仅是因为你当时犯了错，还因为你的老师长期处于极度紧张的精神状态中，他们

承受着生活和工作的双重压力啊！学生们都说自己学习压力很重，可是你们的老师压力更重。也许给你上课的老师，是长期带病坚持工作呢！也许因为年幼的孩子发高烧，老师昨晚通宵未眠呢！也许因为年迈的父亲或母亲突然患病住院，老师昨晚在医院守候了一夜呢！也许老师在给你们上课的同时，心里还时不时惦记着自己作为一名代课教师什么时候才能转正呢！也许老师本来是好心好意为学生，却被不明真相的家长一封匿名信举报到了教育局，心里正烦着呢！……如果这些都还只是“也许”的话，那么我下面所说的一定是绝对的真实：职业竞争的刀光剑影、教育业绩的巨大压力、疲于奔命的工作节奏、达到极限的工作负荷、意想不到的来自学生的突发事件、面对成绩差的学生长期孜孜不倦地教学却几乎颗粒无收、日复一日苦口婆心地教育顽劣学生却总是油盐不进……如此等等，让老师的心灵已经不堪重负，你却要求老师在教育过程中的每一件事上都那么“冷静”、那么“细致”、那么“有耐心”、那么“讲公正”，不能出一丁点差错，这是不是过于苛刻了呢？

如果你了解进而理解了老师的这一切之后，想想自己辱骂老师的事，你一定会羞愧得无地自容。人是有尊严的，所谓“尊严”，通俗地说就是“面子”。失去了尊严，就叫作“丢脸”。骂人、说脏话，是自己损害自己的尊严，是自己丢自己的脸。孩子，我估计你这样做可能不是第一次；但我希望，这是最后一次。

四

这件事似乎已经比较妥善甚至可以说是“完美”地解决了，但我觉得要真正让年轻的夏蕖老师恢复对工作的热忱、对职业的热爱、对学生的情感，还需要我这个校长继续做一些工作。

大概半年后，夏蕖老师担任了该班的班主任。实话实说，当初学校安排她做班主任时，她虽然接受了，但不是特别心甘情愿。但是，她一旦当上了班主任，便特别投入，也爱动脑筋想办法把工作做好。

我突然又有了一个创意。

那天中午，我到夏老师的班上叫了几个学生，让他们和我一起去到校园里的一处草坪。

我说："我想听你们随便聊聊对夏老师最深刻的印象，不一定完整，但一定要真实。不想说的话可以不说，一旦说出来就要是你的心里话。"

然后我掏出手机，征求他们的意见："我可以将你们的话录下来吗？"

他们都点头说："可以！""没问题！"

孩子们滔滔不绝，越说越激动。

一个男孩说："夏老师的英语课上得好，还常常利用午休时间辅导我们。"

另一个男孩说："上次走在路上突然下起雨来了，夏老师看见我没伞，就在旁边给我打伞，后来还把伞留给我，这让我挺感动的。"

一个女孩说："夏老师爱每一个学生，虽然有的同学成绩不好，但她依然耐心细致地辅导他们，还特别欢迎这些同学去问问题。"

另一个女孩说："夏老师的家离学校很远，但她每天早晨都很早来到学校，来到班上，她非常关心我们的学习！"

还有一个女孩说："夏老师的孩子很小，又不在身边，夏老师把我们当作她的孩子来爱，我们能体会到。"

这些朴素的语言感动了我。我问大家有什么要对夏老师说的，孩子们说："夏老师别太辛苦了，要爱惜自己的身体！""我们有时候惹您生气，是我们不好，请夏老师原谅我们，我们是爱夏老师的。""马上期中考试了，夏老师，我一定努力，争取取得好的成绩！”“夏老师，我们会让您因我们的存在而感到幸福的！”

一周以后的全校教工大会上，我播放了这段小视频，老师们都热烈鼓掌。看着屏幕上可爱的孩子们，夏蕖老师不住地擦拭眼泪。

校长可以给班主任提供怎样的帮助?

我曾经对老师们说:“我这个校长就是一个大班主任。”的确,当校长九年,我一直是以当班主任的心态来做校长的——或者干脆说,我就是全校班主任的“班主任”。

应该说,没有哪个校长不重视学校的班主任队伍,因为只要每个班搞好了,学校也就搞好了。从行政管理的角度看,校长当然是班主任的领导,但借用一句邓小平同志的话“领导就是服务”,那么,校长的领导,主要就是为班主任服务,当然,这里的“服务”主要是指提供智力支持。因此,尽管在一般情况下,校长并不直接带班,但校长应该也可以给班主任以有力的帮助。

作为担任过班主任的校长,我是在哪些方面,又是怎样给班主任们提供帮助的呢?

第一,引领思想。

苏霍姆林斯基有一句名言:“校长领导学校首先是教育思想的领导,其次才是行政的领导。”那么,作为校长,对班主任进行思想引领,自然是理所当然的。但这里的“思想引领”并不是校长把自己的想法强加给老师们以“统一思想”,而是引导老师们一起来学习教育的基本理论,明白最起码的教育常识。

思想引领最好的方式是阅读。我和老师们着重读苏霍姆林斯基和陶行知的著作，从这两位伟大的教育家身上吸取“爱心”“民主”“个性”“创造”等教育思想。“教育——这首先是人学”（苏霍姆林斯基），“真教育是心心相印的活动”（陶行知），成为我们理解教育、管理班级的核心理念。在我的倡导下，学校以读书会为载体的读书活动蔚然成风，不定期的“教师成长论坛”和一月一次的“青年教师沙龙”，让思想激荡、智慧交融、视野拓展。

我给老师们推荐过的书有《给教师的建议》《要相信孩子》《把整个心灵献给孩子》《陶行知教育文选》《第56号教室的奇迹》《发现班主任智慧》《教学机智——教育智慧的意蕴》《班主任兵法》《打造魅力班会课》……还有拙著《爱心与教育》《做最好的老师》《做最好的班主任》。当然，阅读的重点，无疑是苏霍姆林斯基和陶行知。

渐渐地，我和班主任们达成了这些共识：班主任是最幸福的老师，班主任的使命是和孩子一起营造一个规范而自由的精神家园，班主任的任务是陪伴孩子们一起成长，最好的教育莫过于感染，最好的管理莫过于示范，班主任工作的最高境界是引导孩子自我管理与自我教育，良好的师生关系就是良好的教育……

我特别强调，让民主的理念体现于班主任工作中。充满爱心，尊重个性，追求自由，体现平等，重视法治，倡导宽容，讲究妥协，激发创造……我希望这些民主教育与教育民主的元素能够贯穿于我校的班主任工作中。针对目前班主任工作中普遍存在的教师管得太死、包办太多的现状，我特别提倡班级的自主管理和学生的自我教育。

我和包括班主任在内的全校教师都明确，我们所培养的学生，应该是行为规范、心灵自由、感情丰富、思想充实、胸襟开阔的现代人，这样的现代人也是既能对自己负责，同时又能对他人、社会、国家负责的现代公民。

第二，增加幸福。

越来越多的老师不愿当班主任，这是不争的事实，也是不少校长很头痛的事。我当然也遇到过这样的烦恼。但我和一些校长的思路可能不一样，面对这种现象，我主要想的不是“老师们为什么不愿当班主任”，而是“我为什么喜欢当班主任”。自问自答，结论很简单，我觉得当班主任很好玩，很有意思，很快乐，或者用一个大一点的词，叫“幸福”。

于是，我决定把我源于班主任的幸福讲给老师们听，感染他们。每学期的第一次教师大会，我都会给老师们讲我当班主任的故事。不仅如此，平时参加全校或年级的班主任活动，我也爱给年轻的班主任们讲自己的成长经历。“未来班”和谷建芬的友谊、我给学生读小说、我和学生在峨眉山雪地上躺成“一班”二字、我和孩子们徒步郊游、我们班丰富多彩的活动、我出差时学生送我到火车站然后含泪追着火车跑……我将这些故事展示在PPT上，让老师们理解我的教育幸福，并勾起他们对自己类似故事的回忆，进而唤醒他们做班主任的幸福感。

当然，我不只是说给老师们听，更要做给老师们看。我当校长不久，学校除书记以外的中层以上的干部都要担任班主任——注意，是实打实的“班主任”而不是“副班主任”。我当然也当了一个班的班主任，每天早晨带着学生跑操，晚上还守住校生的晚自习。当时我的想法非常简单，就认为让全校老师“向我看齐”是最有效的管理。我不但经常在教师大会上讲我班上好玩的故事，而且每天都在博客上展示我的工作日记，我这个博客的专栏名称叫“向我看齐”。后来学校开始搞绩效工资制，包括我在内的干部们都当班主任，占了很多工作量，这样不利于让更多的年轻老师增加收入，于是，我们才逐渐把班主任一职让给了其他老师。但那几年，校长、副校长和多个部门主任担任班主任起到的示范作用是很明显的。

当然，让班主任体验幸福的途径还有很多：我把每一位班主任的生日都记着，到了生日前夕，我尽量悄悄告诉孩子们，让他们第二天给班主任以惊喜；我启发班主任们研究班上的后进生，然后写成文章，我帮着修改并推荐发表；我还在《中国教师报》上开设专栏，每周都写一篇我校一位班主任的故事，提升我们老师的自豪感……

有一学期期末，分管德育的副校长易琼对我说："自愿报名当班主任的老师，大大超过实际需要！"我听了特别开心，这说明老师们已经把班主任工作当作提升专业素养和获得职业幸福的有效途径。

第三，出谋划策。

从当班主任到直接当校长，虽然存在行政经验不足的遗憾，但至少我有一个优势，就是习惯于站在班主任的角度理解班主任，而不是从校长的角度去要求甚至苛求班主任。我经常告诉自己——我当班主任时最反感校长怎么做，我就尽量避免那样做；同样，我当班主任时最喜欢校长怎么做，我就尽量那样去做。那么，我当班主任时最烦校长频繁开会，简单化地管理班主任，大搞"形式主义"……那我就尽量避免成为这样的校长；而我当时最喜欢的是，遇到困难时，校长能够给我具体的帮助——那好，我就尽量在每一位班主任遇到困难时出现在他的面前。

"有什么需要我帮助的，尽管找我。我就是你的110！"这是我跟年轻班主任谈心结束时经常说的话。无论在我心中，还是在年轻班主任心中，这句话都不是一句客套话，而是实实在在的行动。

初当班主任的唐燕老师曾向我诉苦，说班上有一个男生让她特别头疼，他每天犯错、成绩很差，总之"拿不下"。我便帮她分析这个孩子，并让她把这个男孩当作科研对象，我说："把难题当课题是最好的教育科研！"此外，我还教她如何研究：围绕这个孩子进行思考、阅读、记录……一年后，这个孩子有了进步，唐老师也写下了一万五千字的跟踪记录，即她的叙事性研究报告。后来唐燕成为一名非常优秀的班主任。

唐真老师刚做班主任的时候，面对学生中出现的男女同学关系问题感到棘手而向我求助，我除了给他讲我过去处理类似问题的办法之外，还应邀到他班上去给孩子们上了一堂班会课，效果很好。后来唐真老师在班级管理上越来越有智慧，深入学生心灵，有效引导孩子成长。直到毕业，这个班都发展得很好。

李娜老师刚当班主任时，把她写给初一新生的一封信发给我，让我帮她修改。我逐字逐句地看，细心地改。在这个过程中，我深深地被年轻的李娜老师的热情与理想，还有对孩子发自内心的爱所感动。后来，给每届新生写信，成了她的一个传统。现在，她是我校一位深受孩子爱戴的优秀班主任。

每一位班主任随时都可以来找我，他们工作中有了困难也愿意来请我出主意提建议。我经常应班主任的邀请去给他所带的班级上课，帮助引导孩子。当校长的九年中，全校每个班的孩子（约9000人）都听过我的课。

第四，评价改革。

没当校长之前，作为班主任的我对学校的班主任管理是有意见的，尤其是评价方式。评价方式不科学不公正，对班主任工作积极性的挫伤是很大的。所以当了校长以后，我力图改革评价方式，这对班主任是一个极大的支持。

我主导的班主任工作评价方式改革，包括尽量减少（不是绝对不要）简单的量化评价，而更重视来自学生、家长和同事的定性评价；更加注重班级管理过程的变化（进步），而不是只看结果；运动会、艺术节等活动，更注重“一个都不能少”的参与面，而不仅仅是少数文体尖子的表现……其中我最看重的，是一项“解放班主任”的评价改革。

以前当班主任时，我经常与德育主任和分管校长产生观念上的冲突。领导要求班主任随时守着学生，所谓“五到场”——早读、晨练、课间操、午休、自习课，班主任都必须到场，否则就扣这样分那样分。我特别反感。我的观点是，如果学生不能自主管理，那班主任该到场的还得到场。但经过一段时间的训练，班级已经形成良好的自我管理机制了，就没必要强行规定班主任必须随时守着学生。现在，我当了校长，便给分管校长和德育处讲这个观点，班级的自主管理既培养了学生的自律意识与自治能力，又解放了班主任，何乐而不为呢?

当然，初中生毕竟不同于成年人，其自律能力还是比较弱的，因此教师不可能一开始就完全放手。所以，我们鼓励班主任先提出建设自主管理班级的申请，以及达到目标的期限。在未达标之前，班主任按学校常规要求管理班级，包括遵守到班到岗的时间。一段时间之后，若经学校验收达到了自主管理的标准，这些班主任则可以放手，不必随时守着学生。

我们设置了“功勋班主任制度”，明确规定，凡是班级管理已经基本达到学生自治的班主任，为“功勋班主任”。功勋班主任可以不必随时待在班上守着学生。我们还给功勋班主任配备助手，一方面，助手协助班主任管理班级，以减轻班主任的事务性工作压力，使其集中精力搞研究；另一方面，助手又相当于徒弟，在工作中向功勋班主任学习。

应该说，由于我校学生构成比较复杂，所以学生自主管理的难度还比较大，不同年级不同班级的学生自主管理能力也有差异，还不能一刀切地彻底让所有班主任放手。但我给分管校长和所有班主任提出的目标很明确，那就是在培养学生自我管理能力的同时，解放班主任!

我多次对老师们说过:“你们的成长，就是我的成功!”当校长九年，我亲眼见证了一大批班主任老师的成长——原来不那么愿意做班主任的老师纷纷要求做班主任，以前缺乏管理智慧的班主任变得优秀起来，而本来就优秀的班主任走向了卓越……这就是我当校长期间最得意的成果。

校长不应该成为班主任的“婆婆”，而应该成为班主任的参谋。当老师时，我做班主任是幸福的；当校长时，我帮助班主任是幸福的。做班主任的班主任，我认为，这是校长对班主任最大的帮助！

我收过学生及其家长的礼吗？

一

不止一个朋友问我：“李老师，肯定有学生或者家长给您送过礼，您收过吗？或者您是怎么处理的？”

我想到自己几十年教书生涯中关于“礼”的一些经历，今天愿意坦诚地和大家说说。

“镇西茶馆”的许多读者都是我历届学生，如果我说了假话，那在他们心中，李老师绝对“人设崩塌”。所以，我所写的必须真实。

应该说，在我刚工作的20世纪80年代，民风淳朴，后来的所谓“送礼之风”远没形成。那时候也没有人提醒我“老师不能收礼”，更没有各种各样的“师德师风教育”。但我以很朴实的想法约束了自己的行为：自己所做的一切都是职务行为，不应该获取职务以外的东西。

当然，所谓“约束”也不是我要经常这样提醒自己，而是这种想法成了一种自觉，我从没想过要从家长那里得到什么，所以自然而然地就不存在所谓“收礼”的问题了。

如果说，这在今天被称作“自律”的话，那么我们那个时代的绝大多数教师，应该都是这样的。谁都不觉得这是什么“崇高师德”，而是都认为：“这不是应该的吗？”

当然，有时候我可能做得稍微“过分”了点。

刚大学毕业，我教一个班的语文同时担任班主任。有一天我留班长在办公室聊了很久，天已经黑了，我便骑自行车送他回家。到了他家，他父母非常感动，非要留我吃饭，给我下了一碗面条。我推脱不过，吃了这碗面。第二天，我拿出三角六分钱和四两粮票交给孩子，对他说：“交给你爸爸妈妈，谢谢他们！”

那是20世纪80年代前期，没有“教师职业道德规范”，没有“八条规定”，没有“一票否决”……这些后来的“发明”，我当时听都没听说过，也不会想到后来有这么多的“从严治教”。但我们——注意，我再次强调，不只是我，而是“我们”——就是那么“严于律己”。

后来，这个班长的父母开家长会时见了我完全没有了以前的热情，明显冷淡了许多。我显然是“得罪”了这个男生的家长。后来我自己都觉得自己有点较真了，但我想：得罪了又怎样，他们会妨碍我上课吗？会影响我领工资吗？这样一想，我也就释然了。

二

我这种“过分”甚至延续到了后来。

大概是1992年，那时候我还是一个人在成都工作，住在学校一个五六平方米的小阁楼上。有天晚上，一个女生的父母来看我，带了一瓶酒送我。第二天，我将这瓶酒用报纸包装好，交给那个女生，说：“这是你妈妈托我找一位名中医开的药酒，专治风湿。”因为头天晚上聊天时，我知道她母亲有风湿症，所以，我这个“谎言”堪称天衣无缝，女生不但接过了酒，还代她母亲谢谢我。这个女生的父母很豁达，后来和我关系一直很好。

1996年的一天晚上，一名学生的母亲敲开了我的家门，要送我两套当时还算豪华的睡袍，一套给我，一套给我爱人，她说是为了感谢我对他儿子的教育。这位母亲是开服装店的，人家专门送来，我不忍打她的脸，当即收下了，口头表示感谢。第二天，我将这两套睡袍包装好，把她儿子请到办公室并交给他，说：“这是你妈妈托我在上海的同学为她买的新款式的服装样品！”就这样，我巧妙地将睡袍完璧归赵。后来，这位母亲见了我很是尴尬，之后我们之间的关系也不冷不热。我无所谓。

类似的情况不多，但肯定不止这几次。只是因为这几件事比较有戏剧性，所以我印象很深。

再后来，特别是进入21世纪以后，送礼之风日渐浓厚，可给我送礼的家长却越来越少了。因为我每带一个新班，总是会在第一次家长会上明确地说：“严禁任何家长对我有任何表示！”我特别说明：“将来三年，你们会看到我是怎样一个人。千万不要担心我冷落你的孩子，不会的，只要是我的学生，我都会关照的。”我还略带幽默地说：“如果哪位家长希望我冷落他的孩子，可以通过送礼来表达这个愿望。只要我收到你的礼物，我就明白了，哦，你希望我冷落你的孩子。”下面一片笑声。

2008年8月31日，在接手的新班的首次家长会上，我说了这么一番话：“我当班主任期间，严禁任何家长给我作任何表示！我希望未来三年，我们彼此都不要失去相互之间的敬意。这话怎么说？打个比方，再过十天就是教师节了，如果有家长不听我今天打的招呼，非要提着礼物到我办公室，或到我家里，你进门的一瞬间，我就失去了对你的敬意。因为我觉得你太势利，不就是因为我是你孩子的班主任吗？不就是因为我是校长吗？你不就是想让我更多地关照你的孩子吗？当然，也许你会解释，不不不，李老师，您想多了，我就是作为朋友来看您，朋友之间送点礼不很正常嘛？接下来，你可能会软磨硬泡要我收下礼物，结果我可能真的心软了，一边接过礼物，一边说‘下不为例’。但我从你手中接过礼物的那一瞬间，你会想，咦？他不是说他不收吗？十天前的家长会上那么信誓旦旦，结果还是收了。你们看，此刻，你对我的敬意也荡然无存。”所以，这个班后来没有一个家长给过我半点“表示”，他们不会，也不敢。

三

这么说来，几十年来，我真的就那么“干净”吗？

也不是。

我一直保持着家访的传统。80年代骑着自行车挨家挨户家访，记得有一年暑假，我骑车到郊外农村学生文丽的家里家访，她母亲给我煮了一碗糖水荷包蛋，我就吃了。前年见到已经年过五十的文丽，我还提起这件事：“我至今还记得我坐在你家院子里，头上是茂密的竹林，你妈妈端给我一碗荷包蛋。”当时我为什么要吃而事后并未付钱呢？因为这是当地的风俗，家里来了客人总得端上一碗荷包蛋，相当于泡一杯茶。你喝了别人的茶，总不可能事后付钱吧？但是，这事如果放在今天，那肯定是“吃”了家长的了，说得清吗？

我在《爱心与教育》中写过一个叫“周惠”的孩子。她高一进校第一天晚上就生病了，我背着她上医院，后来她又要做手术，而她家在几十千米以外的乡下，父母不可能来。于是我代她家长签字同意手术。出院后，她父亲来看我，四十多岁的汉子流着眼泪感谢我。他从家里拎了一只鸡给我，一定要我收下。我收下了，而且还吃了。三十年后的2018年8月，已经在德国一所大学教书的周惠专程赶回来，听我退休前的“最后一课”。按今天的“标准”，无论是我夜里背着一个女学生，还是收下她父亲送的一只鸡，都足以被“举报”，够我“喝一壶”的。

还有一些家长的礼物，我推不掉，只好变通处理。比如，有农村家长给我送来一箱自家种的橘子，我就拿到班上去请同学们一起享用。这样的情况不多，但也不是个别时候。

我之所以在“收礼”这个问题上做得比较“绝”，不是因为我有多么高尚，而是我心里有这样一个信念：不想因为在物质上和学生家长有什么牵扯而妨碍我的工作。换句话说，我之所以要尽可能谢绝家长的礼物，是因为我想保持一份敢于向家长说“不”的勇气和底气！比如，你要我安排你孩子坐前排吗？不，按规则他该坐哪里就坐哪里，我不欠你什么！你要我照顾你孩子当“三好”生吗？不，选了谁就是谁，我不欠你什么！你要我暗中帮助你孩子保送上大学吗？不，按标准按公开程序，该谁上就谁上，我不欠你什么！

我认为，一个教师，或者说，一个知识分子，应该有这样的风骨，不要为一顿饭，或一瓶酒，就丧失了自己的尊严。学生家长请你吃了饭，表面上对你毕恭毕敬，好像你参加了他的宴席，是给了他天大的面子，其实说不定他在心里想，哼，我一顿饭就把这家伙搞定了。

四

与收礼相关的还有请家长办事。这一点，比起不收礼物，我做得不够好，但我觉得自己也是俗人，只能这样。每带一个班，在第一次家长会上我都会对家长说：“我不会找你们办私事，至少你们孩子在我班上时不会找。但有两点例外：第一，班里的事或活动，如果需要你们帮忙，我还得请你们；第二，我或我家里人看病，我得找你们。”

班里的哪些事我要找家长呢？比如春游派车，我会找运输公司的家长帮忙，至少在价格上可以优惠，甚至免费。还有，毕业时我给他们编的毕业纪念册，也是请家长帮忙联系印刷的。还有其他类似的事，我也经常找家长。

看病，我就说在明处，要找家长帮忙，一来为了省去挂号排队之类的时间，让我快去快回；二来找“好一点”的医生，心里也更加踏实。比如，我女儿出生，我就找了当时班上一个孩子的母亲，她是护士长；有一年，我女儿患了甲沟炎，也是请我班上一个女生的妈妈看的。

这些做法，以今天的标准，可能都“违规”了，可见我并非那么绝对的“干净”。

但总体上说，我还是比较干净的。而几十年来，学生对我太好了。我至今记得，初中1987届1班和高中1990届1班的学生，在语文课上以突然袭击的方式给我庆祝生日——其实他们都不知道我生日是哪一天，他们是根据自己的推断给我选择了“生日”。他们当年送我的一些礼物如影集、笔记本、钢笔、贺卡……有的我保留至今。还有一次，初中2000届3班的孩子在教师节给我折了许多千纸鹤，装了满满的一盒子，我保存至今。

为了感谢学生们对我的爱，我唯有努力工作——不然我就是没有良心。我还尽可能回赠他们礼物，这就是我给历届每一位学生赠送生日礼物的原因。哦，也不对，不是“历届”，我教的第一个班初中1984届1班就没有，因为那时我还没想到这一点。以后教的历届学生，我都会把他们的生日打印出来，贴在我家写字台旁边的墙上，随时提醒我。每到学生生日那天，我就会送上一个礼物。这也是过了几十年，我至今仍记得许多学生生日的原因。前几天在初中1987届1班的群里，我祝贺该班学生今年五十大寿，随口说出了几个学生的生日，他们惊呼："李老师有超强大脑！"

五

我给学生的生日礼物大多数时候都是书，往往是针对不同学生的特点赠送不同内容的书。

刘令喜欢现代革命史，他得到的礼物是一本《长征：前所未闻的故事》；我希望程桦战胜自己，便赠给他一套《约翰·克利斯朵夫》；潘芳奕爱好古典文学，我便送她一套《红楼梦》；彭艳阳思想纯正、为人善良，我送她一本《傅雷家书》；雷磊酷爱数学，我送的便是《数学思维训练》；杨鸣明喜欢哲学，我送他《通俗哲学》；范晓靖对军事感兴趣，我便送他一本《孙子今译》……

进入20世纪90年代，书价猛涨，我的经济能力有些承受不了，便改为赠送笔记本，并在笔记本的扉页上写一段热情勉励的话或一首小诗。在这里，我摘录几则我所教的成都玉林中学高中1995届1班学生进入高三学年时，我写在他们生日礼物上的祝词——

翔威：今天你进入18岁男子汉的行列了，同时，你的肩上也就有了男子汉的使命——对自己的前途，对祖国的未来。祝贺你，更希望你——翱翔万里，威震四方！

刘攀：在高三冲刺的日子里，你进入18岁的年纪，这最能体现出你名字的含义——勇往直前，奋力攀登！明年秋天，你一定会硕果累累！

李慰萱：你在班上独占了两个"全班之最"——年龄最小，个子最高，在你满16岁的今天，我祝你再创一个"全班之最"——成绩最好！

李成：18岁，是生命的呐喊；18岁，是奋进的鼓点；18岁，是男儿的热血；18岁，是青春的誓言！

张剑：致“水手”张剑：桅杆也许会折断，信念决不会击碎；躯体也许会困乏，心灵却永不会疲惫！让意志接受大海的洗礼，让青春迎接朝阳的检阅——风浪中，你驶进18岁！

陈蓓：17岁的蓓蕾，在初冬绽放，正迎接青春的太阳！

沈扬眉：绚丽青春正十八，锦绣岁月好年华。暂舍少女情与趣，拼搏人生更潇洒！

黄金涛：名字也许太普通，人格永远不会平凡；生活也许很清贫，事业永远不会黯淡；歌声也许会暂停，旋律永远不会中断；理想也许还遥远，追求永远不会遗憾！

……

后来，这个班的51名学生中，除一人读大专外，其余全部考入了大学！

然而，到了1997年9月，我不得不停止了向学生赠送生日礼物，主要原因有二：一是当时相当多的中学生大办生日之风愈演愈烈，我的贺礼客观上起了推波助澜的作用；二是许多家长见我给学生赠送生日礼物，便要还礼，于是，我送礼便有财物上的“抛砖引玉”之嫌。

六

学生毕业后，他们送我的礼物，只要不是特别贵重的，我都收下。比如，有学生送我自制的腊肉香肠，还有学生在中秋节之前送我自制手工月饼，甚至还有“富豪学生”送我手机、相机……我也收下了。

有一年，一位毕业三十多年已经是车企老总的学生说要送我一台车，而且都给成都分公司说好了。我接到分公司老总的电话，叫我去取车！这次我没收，太贵重了。这位学生说："这是我用自己的钱给您买的，不违规，您就放心地收下吧！"但我还是没有收。我请他送我汽车模型，后来他果真寄来几个精致的车模，于是我的书房里多了一列车模。

至于历届学生毕业后请我吃饭，那我是每请必到。包括上面提到的刘攀、陈蓓、沈扬眉、黄金涛等同学，几乎每年都要和我聚一聚。所以我的朋友圈里，经常有我和学生大吃大喝的照片，我在炫耀我很"吃得开"。

我愿意用一个真实的故事结束这篇长文——

我母亲是2009年11月去世的，那年10月下旬是她最后一次进医院。之所以进这家医院，是因为医院一位主任是我二十多年前的学生家长。有一天我去看母亲，她说："镇西啊，×主任（即我那位学生家长朋友）对我太好了！他搀扶着我去做检查，许多医生就问他，×主任，你把这位老太太照顾得这么无微不至，你母亲生了病也不过如此嘛！这位老太太是谁呀？×主任就对他们说，这是我女儿二十多年前的班主任李老师的母亲，当年李老师教我女儿的时候特别爱孩子，可我们做家长的想请李老师吃一顿饭他都坚决不答应。二十多年过去了，我总算找到报答李老师的机会了！"

当母亲告诉我这些话的时候，她很感动，我很自豪。因为母亲也曾是一位小学教师，她以这种方式感受到了她儿子不但是一个孝顺的孩子，也是一位让她自豪的教师。

三个好习惯，幸福一辈子
——给年轻父母的家庭教育小建议

我有许多已经当了爸爸妈妈的学生常常问我：“李老师，对我们教育孩子，您有什么好的建议吗？”我总是说：“让孩子勤健身、讲礼貌、多读书，有了这三个伴随一生的习惯，你的孩子一定会成为幸福的人。”

现在有不少年轻的父母总是对孩子寄予太多的期待，而这些“期待”又往往因“不要输在起跑线”的观念而变成一种焦虑。于是许多父母让孩子学这个学那个，却忘记了培养孩子最重要的东西——这个所谓“最重要的东西”用现在很时髦的一个词来说，叫“核心素养”。而让孩子养成健身、讲礼貌和阅读的习惯，在我看来，就是培养孩子的核心素养。

健身的重要性是不言而喻的，没有了健康的身体，什么都谈不上。这个道理谁都懂，但现在孩子的健身状况是怎样的呢？按说现在的学生营养都很充足，但体质弱的孩子不在少数，有的孩子连升旗仪式时站一会儿都会头晕倒下。这和我们整个国民的健身状况普遍不理想有关。应该承认，和一些发达国家比，我国国民的健身意识和行动都不强，平时我们较少看见中年人热情地健身。“工作忙”似乎是一个“雄辩”的理由，但我在美国、法国、澳大利亚等国家，曾被他们全民健身的热潮所感染——连大白天的街上都常常有人跑步。一个人的健身习惯应该从小养成。在我看来，孩子的健身习惯应该超越其他诸如钢琴、绘画、书法、棋类等习惯。当然，这里所说的“健身习惯”包括了具体的健身技能以及科学的健身方式。父母们要让孩子掌握并爱上一项体育活动，并坚持不懈。这样，孩子就不但会养成健壮的体魄，还会拥有坚忍不拔的毅力和积极乐观的人生态度。

如果说健身是增强自己的体质，那么讲礼貌则是提升自己在别人心目中的良好形象。礼貌，不仅仅是随时运用“您好”“谢谢”“对不起”“没关系”等问候与答谢用语，更是日常生活中人际交往时最起码的道德规范，是一个人道德水平、文化修养和交际能力的外在表现，其核心是在生活中自然而然表达出的对别人发自内心的尊重：说话文明，举止优雅，穿着整洁，遵守规则，讲究礼仪，随时为别人着想，不麻烦别人，懂得感恩……与人交往的最高要求是努力帮助他人，最低要求是尽量不麻烦别人，这是一种源于父母而深入骨髓的教养。所谓“源于父母”指的是孩子的教养受到父母影响，这种影响更多的不是说教，而是身教——父母以自己日常生活中随时想着别人、尊重别人的点点滴滴的言行，感染并影响孩子。所谓“深入骨髓”指的是孩子的修养已经成为一种不由自主的言行，一种情不自禁的本能，是孩子每一天与人交往的习惯性方式。孩子懂得尊重别人，必然会赢得别人的尊重。“让人们因我的存在而感到幸福”的人，也必然会赢得更多的人生幸福。

阅读习惯会让孩子终身受益。阅读主要有两种，一种是实用性阅读，比如为了完成学业考试或取得各种证书而阅读；还有一种是非实用性阅读，就是没有任何直接功利目的的阅读。我这里说的“阅读”主要是指后者。为什么要阅读？“学以致用”当然是一个理由，但更重要的原因是，通过阅读，我们可以尽可能完整而完美地建构无愧于一个“人”所应有的精神世界：视野更加开阔，灵魂更加饱满，心灵更加敏锐，情感更加丰富……正如培根所说：“读史使人明智，读诗使人灵秀，数学使人周密，科学使人深刻，伦理学使人庄重，逻辑修辞之学使人善辩。”若离开了这一切，谈何幸福？关键是，阅读的实质是学习，因此终身阅读就是终身学习，就是不断吸取新知，永远对周围的一切保持好奇与探求的兴趣。如果孩子大学毕业参加工作后，依然保持着阅读纸质书的习惯，而且不少阅读都是超越其职业需要的，那么他内在的精神世界肯定更加丰富多彩，他外在的言谈举止也更加儒雅得体，他的幸福指数比没有阅读习惯的人肯定要高得多。

孩子应该养成的好习惯当然不止这三个，比如劳动的习惯、自主的习惯、节俭的习惯、环保的习惯、写日记的习惯、弹琴的习惯、绘画的习惯、旅游的习惯，等等，都可以提升孩子将来的生活质量。但我认为最起码最基本的习惯，还是勤健身、讲礼貌和多读书。这三个好习惯，应该是孩子幸福人生的“标配”。

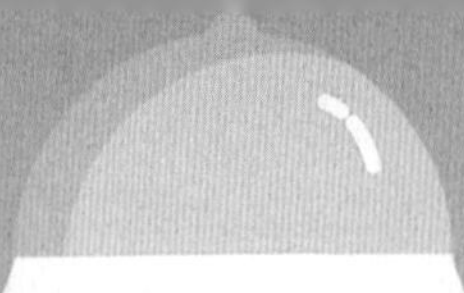

童心与青春

教育的责任、智慧与情怀

就是对孩子的“草稿”精心加工

使之既拥有完整的人格

又拥有独特的成功与幸福

并不是每一个学生都喜欢我

一

至少二十多年来，特别是从《爱心与教育》出版后，我收获了很多读者的喜爱。在许多人看来，我非常爱学生，学生也非常爱我，这种师生关系简直像童话一样美好温馨，又像神话一样难以置信。我要说，读者这种感觉真实但不全面。

说“真实”，是因为我和学生的关系总体上说的确很纯真，不含一点儿杂质，许多故事确如童话般美好，我自己想起来都觉得很温馨。这样的故事，我在书中已经写了很多，但写不完，更多的是存留于我和历届学生的记忆中。

说“不全面”，是因为我不敢说教书三十多年来，每一个学生都那么喜欢我——不，可能也有学生恨我，这是并没有打引号的恨。当然，我说的是“可能”也有学生恨我，也可能没有，但不喜欢我的学生肯定有。

也许有读者不知道，与《爱心与教育》同时写作并几乎同步出版的还有《走进心灵》。在这本获得了“中国图书奖”的书里，我专门写了一章“我的教育失误”，里面有我犯的许多教育错误。我当时的用意在于，既告诫自己尽量避免再犯已经犯过的错误，也提醒年轻的同行以我的教训为戒。但遗憾的是，二十多年来，人们读我的书，只记住了我爱学生和学生对我的爱，却鲜有注意到我伤害过学生和也有学生不喜欢我。

二

有天我翻开从教时用过的第一本语文教材，看到里面夹着一张纸，打开一看，是1982年4月我班学生李松写的检讨。我一下乐了：这个李松，居然还有“把柄”在我这里！

李松是我大学毕业后带的第一个班里最让我头痛，不，是最让我恨的学生，他顽劣到了极点。班上让我头痛的学生当然不止他，但毫无疑问他名列第一。他当年对我也“恨之入骨”，但几十年后我们成了称兄道弟的朋友。

我把他这份已成“文物”的检讨晒到这个班的微信群里，一下给大家带来了乐趣，大家止不住调侃。聊着聊着，李松突然来了一句：“这么多年过去了，我没成为西哥的骄傲，西哥却成了我的骄傲！”

也许李松是不经意说的这句话，但我却十分感动。我相信他说我是他的“骄傲”是很真诚的，但他现在也是我的“骄傲”啊！当初那么顽皮的男孩，如今在一家医院工作，善良正直，尽心尽责，虽然不是什么名人，但难道不是我的骄傲吗？

我和李松当年彼此都不喜欢甚至恨对方，现在却互为“骄傲”，教育就是这样的有意思，这样的耐人寻味。

仔细想想，在我从教的三十多年中，尤其是年轻时，不喜欢的学生有多少？因为不喜欢，情不自禁冷眼相对，不由自主挖苦讽刺，或不公正地批评、惩罚过的……（不要以为李镇西老师就没有这样做过，不是的）有多少？那么有学生不喜欢我甚至恨我，也很自然。

当然，像李松一样，许多恨过我的孩子也许随着年龄的增长，理解了老师的批评，也宽容了老师的刻薄，重新尊敬老师。但并不是每一个这样的孩子都像李松。

我不愿意用“没有经验”“急躁”等理由来原谅自己那时的种种错误。对李松这样的学生，我当时确实是很恨的，巴不得他转走。这种心理就是一种自私。后来我又教了许多届学生，同样也遇到过一个又一个、一批又一批“李松”，我的教育当然更加成熟了，犯的错误越来越少了，但也不能保证再也没有伤害过像李松那样的学生，只是也许我不知道，永远不知道，可在学生心里留下的阴影却完全可能是永远的！在此，我向这些学生表示真诚的歉意！

三

其实，教师对学生还有一类伤害不容易意识到，就是对中等学生的冷落。这里说的“中等生”，不只是指成绩中等，主要是指那些“不起眼”的孩子，容易被教师忽略的孩子。我说的伤害，不是说我们冤枉、批评了这样的孩子，而是说当我们过多地关注“后进生”时，对这类学生的漠视，就是一种伤害。

比如李燕琼同学，三十多年前在我班上，论成绩是不错的，尤其数学成绩突出，但表现似乎不那么“优秀”。我这里将“优秀”二字打了引号，就说明她并非不优秀，其实她善良、刻苦，乐于助人，有集体荣誉感，只是因为不那么活泼，再加上没有什么文体特长，出头露面的机会较少，因此在我眼中就“平平”了。我记得我去她家家访过，那是因为每个学生我都要家访，但平时却很少和她单独谈心。她现在在北京师范大学工作，研究脑科学。有一次我去北师大讲学，她特意来听我讲“未来班”的故事。说起“未来班”她眉飞色舞，很是自豪，对我的尊敬丝毫未减，后来还陪我去东北传播新教育理念。我感到她现在对我的好，远远超过了当初我对她的好，想起来就觉得对不住她。

和李燕琼相似的，还有她的同班同学毛加庆。这位同学，当初在班上除了成绩不错，其他我感觉一般。所以直到初中毕业，他都没有当过“三好”生，也没当过班干部。他的不调皮不热心让我省心，也让我冷落了他。几十年后，他成了四川省武胜县委书记，对我依然尊敬有加。他曾特意请我去武胜县给全县教师作报告。说实话，在现在的背景下，我对自己从政的学生总有一些担心，但我通过相关朋友侧面了解了一下，得到的答复是：“李老师，您放心吧，您的学生毛加庆干得很棒！”我的确放心了，同时也很自责，当年我居然没看出他出色的组织能力，他连小组长都没当过，我真是“瞎了眼”了！

还有张红霞。她当年是个非常可爱的小姑娘，圆圆的脸蛋，常常笑眯眯的，但成绩中等，表现中等，自然就很少被我特别关心。几十年后见面，我觉得对不住她，可她居然还记得我对她的关心。昨天在微信上聊天，她还说，她当时初中毕业没考上重点高中，去了一所普通中学，我还给她写信鼓励她。她说：“因为没考上乐山一中，您从北京回来还去过我家。后来，我高一时收到过您的信。当时我到一所普通中学读高中，心理落差比较大，您的信真的对我有很大作用。所以您算得上是我毕生的老师！”我回忆了一下，1984年暑假，我是去过北京，那是我第一次去北京，还去了谷建芬老师家感谢她为我谱班歌。回到乐山，还去已经毕业的张红霞家里安慰她，哎呀，这事我一点印象都没有了，可红霞还记得。我这里并非借她的回忆来表扬自己，甚至炫耀自己多么“爱学生”，不是的！我是想说，我们给学生的伤害，他们往往忘记，而我们给他们的一丁点儿好，他们一辈子都记着。

我这里随便举了三个中等生的例子，其实严格地说，他们并没有“不喜欢”我，相反现在对我都很好。但这样被我冷落的中等生绝对不少，更多被我冷落的学生呢？他们可不一定如这三个学生一样。如果我给他们的心灵投下了阴影，我真诚道歉。如果他们到现在还不喜欢我，我完全理解，不怪他们。

四

还有历届学生中，被我粗暴批评或伤害过自尊心的。比如耿梅，曾经因为犯了一个小错误，被我骂“脸皮厚”；还有一个叫付饶的女生，也是因为一个小小的错误，被我责令把写的检讨贴在学校大门上……这都是我刚当教师那几年发生的事，毫无疑问对孩子造成了严重的伤害。但同样的，她俩也不能算是“不喜欢”我的学生，因为多年后，她们都原谅了我，至今对我非常尊敬——我再次感到，学生对老师的宽容远远超过我们对他们的宽容，孩子的胸襟其实比大人更宽广。

但我不能要求每一个孩子都是耿梅和付饶。也是在20世纪80年代，有一次，校长告诉我，某家长找到他，要求将其女儿转出我班。后来这位母亲也来给我解释，说孩子要求转班，是因为某次迟到我没让她进教室，这让她很没面子。我很惊讶，也感到很委屈：我觉得我对这孩子是很关心的，比如我曾单独辅导她的作文，还帮她修改，最后这篇文章还在全国很有影响的一家报纸发表了。我后来意识到，无论你为别人付出了多少“好”，但只要有一次“不好”，那以前所有的“好”都等于零。后来我反思，这女孩肯定不是或不只是如她母亲所说是因为迟到罚站，而是还有平时我也许不知不觉的严厉，让她怕我，从而感觉在我班上很不快乐。后来她当然转班了——这事本来也由不得我不同意，再后来她一直不理我，直到几十年后的现在。但我一点都不怨她，只怪我当初没善待她。其实，同样的严厉，我对其他孩子也有过，甚至更甚，比如我刚才提到的耿梅和付饶，但还是那句话：我不能要求每一个孩子都是耿梅和付饶。教育的个性，就包括对不同的孩子得用不同的方法。三十年来，我已经多次在心里感觉对不住那个转班的女孩，今天，我愿意在此公开向她表达歉意！

五

比呵斥、体罚更伤害学生心灵的，是教师的不公。我曾在高一新生中做过调查："你最不能忍受的老师的缺点是什么？"统计结果让我意外，排在第一的是"老师偏心"，其他诸如"呵斥""体罚""工作不负责""上课不吸引人"等都排在"老师偏心"的后面。

曾经有一个学生，本来我觉得我对他挺好的，可因为有一次几个学生犯了同样的错误，他认为我对他处理得特别重，从此耿耿于怀，到现在都不怎么理我。虽然每次聚会他也和我打招呼，还敬酒，但我感觉他心里有疙瘩，和我始终不能像哥们儿一样随便亲热。

昨天，一位当年我对其既欣赏又很严苛的女生跟我聊天，说："李老师当年对我的影响很大，正面负面都有，有段时间我是有些怨气的。但现在人到中年，回头望去，有句话不知适不适合：雷霆雨露皆是君恩。"我向她表示，对她有些内疚。她说："老师当然也有个人喜好，不可能对所有学生一视同仁，而且当年您才二十多岁，越有热情，可能反而越爱憎分明。"

我理解，她说的"爱憎分明"，其实就是有时候对学生没有一视同仁。需要说明的是，所谓"一视同仁"并非否定教育的"因材施教"，不是的，这是两回事儿！学生希望我们做到的"一视同仁"，指的是感情和尊严的平等。当然，如果往深处思考就会觉得，感情是不能伪装的，老师也有喜怒哀乐，凭什么要对所有学生都平等地充满感情呢？我的观点是，是的，如果说一开始就要甚至必须要爱每一个学生，那是矫情，但就算暂时做不到从感情上爱每一个学生，却必须在行动上尊重每一个学生，这是能够做到的。可惜，当时的我连这都没做到。

上面列举的学生，都是我在80年代教的。但这并不能说明我后来就没犯过类似的错误，只能说后来被我伤害的学生越来越少了，但也不是没有——我记得我还在课堂上撕过学生的书。我们意识到了问题的严重性，并不等于我们马上就能改正。相同的错误，有时候还会重犯。当初反思教训是真诚的，后来旧病复发也是真实的，不能因为旧病复发就说当初的反思是“虚伪的”，是“说假话”。人性就是如此复杂。可我们对学生却很苛求，只要他们犯了不久前才犯过的错误，就会质问他们：“上次你是怎么说的？检讨还在我这里呢！你就会欺骗老师！”——我曾经听见有老师就是这样对学生说的。

六

最不喜欢我的学生，也许是成都市玉林中学初中1998届6班的孩子们。当然，说这个班的所有孩子都不喜欢我，绝对夸张了，事实上直到现在这个班还有学生和我保持着真诚的交往，但这个班不喜欢我的孩子最多，这是事实。算起来，他们现在已经快四十岁了，可在我心中，他们的确是“孩子”，因为一想起他们，我就想到一群天真烂漫的孩子。当初，我带他们这个班的时候多投入啊！还没进校，我就拿着花名册挨家挨户地家访了，那可是8月中下旬酷热难耐的时候啊！进校第一周，我给他们组织“露一手”主题活动，让每个孩子都有机会展示自己的特长甚至绝招；在世界乐园，我们留下了开心的笑脸；在蒙蒙春雨中，我们徒步去郊外踏青，穿过油菜花，走过原野，走着走着天晴了，我们放飞的风筝在蓝天写诗……教他们的时候，是我的教育理念与实践相对成熟的时候，所以自我感觉带他们这个班得心应手，浪漫而富有情趣。但是，两年后我离开了他们，关键是离开的原因我难以抗拒而又无法跟他们和他们的家长解释。于是我在他们及其爸爸妈妈眼中成了“无情抛弃”他们的人。二十多年里，这个班的大多数孩子很少和我联系，想起他们我就心痛。

让我惊讶而感动的是，2015年8月，这个班的孩子举行进校二十周年聚会，那天上午聚会活动开始前的半个小时，他们突然给我打电话，请我参加聚会！当我赶到现场，孩子们给了我热烈的掌声。虽然我很清醒地知道，这掌声更多的是出于礼貌，但我已经知足。更何况，他们对我带他们时的许多过往记忆犹新，欧阳懿哲同学居然还带来了他保存的当年我指导他们办的手抄报《玉林日报》，而且一份不少！这太让我感动了。在饭桌上，有学生对我说：“当初，您突然离开我们，我们真像失去父母的孤儿……”我理解了他们二十多年来对我的“恨”，但我依然没有（因为不能）给他们解释当初突然离开他们的原因。经过这次聚会，这个班的大多数孩子重新和我建立了信任，但依然有少数学生没有“原谅”我。我发自内心地不怪他们，毕竟在他们看来，我当初是“抛弃”了他们，而调到了一所“更好的学校”，典型的“嫌贫爱富”！

二十多年过去了，现在写出这些，我的心已经平静，我不怪学校，更不怪学生。因为每一方站在自己的角度，都有道理，都值得被理解。只是那一班十四五岁的孩子所受到的伤害，已经无法抹去。之前聚会，我没向孩子们表达歉意，因为我觉得我离开他们非我所愿，但今天想来，不管怎样，客观上他们是因为我的离去而受到伤害了，所以，我在这里不求原谅地向成都市玉林中学初中1998届6班全体同学表示真诚的深深的歉意！

七

我高中的班主任张新仪老师，是一位特别优秀的老师，深受历届学生的爱戴。2016年教师节前,《中国教育报》向我约稿，希望我写一位自己的老师，他们在教师节时将设计一个专版，我一下就想到敬爱的张老师。后来我写张老师的文章以“长大后我就成了你”为题在《中国教育报》发表，赢得张老师历届学生的点赞。我问过张老师:“您教了一辈子书，有没有学生恨过您呢?”她想了想，说:“嗯，有的。有一个学生比较贪玩，我就去他家家访，这个学生对我就不高兴。后来他参加工作了，在医院工作，见到我都不理我。”张老师接着说，“其实，教书是我们的职业，教好书是我们的本分，学生记不记得我，喜不喜欢我，我没有那么在意。”

张老师说的那个学生至今对她耿耿于怀，并不是因为张老师做错了什么，但她都这么坦然；而三十多年来，一些学生之所以“不喜欢”或者说“恨”我，主要是因为我的教育失误，那我就更不应该去计较学生的“不理解”甚至“不感恩”了。

说到“感恩”，我一直有个不同于绝大多数同行的看法。教师教书领了工资，要说“回报”，每个学生的家长已经以交学费或纳税的方式，通过我们每月领到的工资给我们“表示”了，你还希望得到什么格外“感恩”？至于有老师希望学生多年后记得自己，甚至经常回来看自己，这可以理解，但不可强求。如果学生不喜欢你，他不来看你，是很正常的。并不是我教过的所有学生都来看过我，其中原因很复杂，不看我不等于学生就不喜欢我，也许是因为工作忙，也许是因为失去联系，甚至也许就是因为性格内向。当然，也可能是因为不喜欢甚至恨老师，那也不要紧。我们完全不必伤感，因为我们的付出都是我们应该完成的本职工作，没有什么“寒心”不“寒心”。

与其计较学生不喜欢自己，不如反思学生为什么不喜欢自己。这样，我们会不断改进自己的工作，会更理解孩子，自然就会赢得更多孩子的心。在我看来，不喜欢自己的学生，对教师来说也是一笔教育财富。

耿梅：学生教我当老师

一

1982年3月，我第一次当班主任。拿着学生的花名册研究时，我在“耿梅”这个名字后面的“家长姓名”一栏，发现了一个熟悉的名字：“耿道云”。

这不是耿叔叔吗？他是我爸爸的同事。

我爸爸曾在乐山地区（后来的乐山市）教育局工作，我们住在机关大院，我自然常常和爸爸的同事——我叫他们“叔叔”“阿姨”——见面，耿叔叔便是其中一位。虽然当时我才几岁，和爸爸的同事不可能有太多的接触，但对和善亲切的耿叔叔我是有印象的。

我记得耿叔叔有一个儿子叫耿红，但对耿梅没印象。父亲在我9岁的时候因病去世，我家便从机关大院搬到了母亲所在的学校。

没想到十多年后，我成了耿叔叔女儿耿梅的班主任。

接了这个班，我注意到了耿梅。她是一个很文静的小姑娘，成绩不错，字写得很好，所以当班上或学校办黑板报时，她瘦小的身影常常出现。记得有一次，我路过学校黑板报，看到正在写粉笔字的耿梅写错了一个字，将“犹豫”的“豫”的偏旁“予”写成了“矛”。我给她指出这个错误，小姑娘的脸一下就红了，赶紧改正。

后来去她家家访时，害羞的耿梅给我打了个招呼，便躲进了自己的房间。我现在想不起来当时我和她爸爸妈妈聊了些什么，只记得作为晚辈，我还是比较拘谨的。不过，有一点我印象很深——当时耿叔叔聊起我父亲的善良与才华，直说：“太可惜了！”从我记事起，父亲在我心中就特别温暖而高大，他去世时年仅32岁，我不断听周围的叔叔阿姨说他“年轻有为”“正直有才”，所以看到爸爸的同事，我就像看到了爸爸。很自然，我就想尽可能多地关照耿梅。

但耿梅实在是不需要我特别关照。小姑娘成绩好，性格温顺，几乎不违反纪律，因此，我有心关照也使不上劲。现在想起来，耿梅应该属于那种因为放心而被我忽略的学生。

二

然而，我的一次“重点关照”不但深深伤害了耿梅，而且成了我至今想起来都愧疚不已的教育失误。

那天课间操时，我照例站在操场边看班上的学生做操。这时候，我发现队列里的耿梅并没有认真做操，她一边很敷衍地伸展着肢体，一边与旁边同学说着什么，说着说着还笑了起来。和周围认真做操的同学相比，耿梅很难不让人注意到。

看着来回巡视给各班打分的学生干部，我急了，知道耿梅肯定会让班级扣分。当时刚刚工作不久的我，把“班级荣誉”看得比什么都重要。于是，我高声呵斥道：“耿梅，说什么呢！为什么不好好做操？”

我吼得很大声，不但耿梅旁边的同学都听见了，而且周围班级也有同学听到了。他们不由自主地朝耿梅看去。耿梅的脸一下就红了，而且表现出很恼怒的表情，她居然还顶撞了我一句。她声音比较小，我没听清楚她说了什么，但她顶撞我是肯定的。

我万万没有想到，平时那么温和的耿梅居然会顶撞我。一个小姑娘居然敢当众顶撞我，作为一个老师，一个堂堂小伙子，我脸面往哪儿搁？

课间操结束后，回到教室里，我当着全班同学的面，说了刚才耿梅违反纪律的事，重点说了她拒不接受批评，还和我顶撞。

想到她居然在大庭广众之下顶撞我，我越想越气，忍不住大声说道："不认真做操，还不接受批评，真是厚脸皮！"

这下耿梅再次愤怒了，她争辩道："我不是……"

"你还有理！"我打断她的话，"站起来！"

耿梅不得不站了起来，但满脸的不服。

我以更高亢的声音呵斥道："你不服气？你觉得你不是厚脸皮？好，我们来看看，耿梅的脸皮究竟厚不厚？做操不认真，完全没有一点荣誉感，这是厚脸皮之一；老师批评，还不知道自己错了，这是厚脸皮之二；不但不接受老师的批评，反而顶撞老师，这是厚脸皮之三；到现在还不知道自己的脸皮很厚，这是厚脸皮之四……"

三

讽刺挖苦，尖酸刻薄，势如破竹，雷霆万钧……自以为雄辩，自以为得意，心里想的是：跟我斗，哼，你还嫩了点儿！我就不相信我一个小伙子，灭不了你的嚣张气焰！

我完全不顾耿梅的感受，只顾自己发泄。当时全班同学都看着她，可怜的耿梅羞愧地低着头，却一点儿都没有哭。

被骂得狗血淋头的耿梅居然就是不认错，这下我更加恼怒了，只好拿出当时我认为最厉害也最有效的一招：请家长。

现在我已经忘了当时是她爸爸还是她妈妈来的，也不记得当时是怎样和她父母“交换意见”的，总之我肯定是告状了。按我当时的逻辑，应该是强调耿梅如何不守纪律，我批评她时她如何与我顶撞，而且到现在都不认错。我肯定不会主动说自己当时的“批评”是怎样伤害了耿梅的自尊心——不过，说实话，我也不是有意隐瞒自己教育粗暴，因为当时我并不认为自己有什么错。“严格要求”嘛，这有错吗？

虽然我是耿梅父母看着长大的，他们是我的长辈，但却把我当作老师来尊敬，毫不犹豫地站在我这一边，维护我的威信。不知道耿梅给他们说过我骂她“厚脸皮”没有，总之我想，耿叔叔是从支持我工作的角度，配合我教育女儿的。当然，这也体现了他们那一代人高度的修养。后来耿梅向我认了错，这事才算完结。我终于取得了“胜利”。

随着时间的推移——其实也没有多久，最多一周吧，耿梅见了我，目光便恢复了温和与尊敬。孩子毕竟是孩子，他们很单纯，至少大多数孩子是不会记恨老师的，哪怕老师的教育行为有些过分。

四

耿梅的确很善良。1983年底，我在班上举办了一场迎接1984年新年的晚会。我设计了一个通信游戏，就是让同学们事先给班上任意同学写信，然后在那天的晚会上拆开来读给大家听。

这个班的毕业纪念册《未来》上，刊印着耿梅的两封信。其中一封是写给陈晓梅同学的——

陈晓梅同学：

你好！

1984年就要到了，预祝你新年快乐。

算起来，我们俩闹不团结已经有整整一年半了，其实这些都是不该发生的。那时我们都不懂事，竟为了一本书吵了起来，从此再没有理会过对方。后来有一次，还是上学年的时候，语文小组去大佛坝玩耍，毛利为了让我俩搞好团结，叫我们互相握手、叫对方的名字。我同意了，站了起来，可你仍坐在草地上不愿起来。说真的，在那以前我并不怎么恨你，可看见你傲慢的态度，我气得鬼冒火，又重新坐回了草地上。从此，我发誓，再也不理你了，因为我长这么大，从没受过这样的侮辱。这件事至今还深深地印在我的脑子里。

去年元旦，收到李老师转来的条子，知道你愿意同我搞好团结了。但当时的我却犹豫不决，是违背自己的诺言，还是根据良心行事，同你搞好团结？我没有给你答复。

不久就要毕业了，难道我们要带着昔日的怨恨分开吗？难道我们以后在街上碰着，就只能瞪眼睛，不理会对方了吗？我想，这绝不是我们两人愿意做的吧？

也许，毕业以后我们不会再常见面了。我想我们应该珍惜这所剩不多的时间，我愿意重新成为你的好同学，你愿意吗？我等着你给我答复。

耿梅

1983年12月29日

四十几年后我重读这封信，不禁笑了起来，当年的小姑娘多么天真，连赌气都那么可爱！耿梅把自己对陈晓梅的心理变化写得非常细腻，而且真实。最后善良的她还是战胜自己，向陈晓梅同学敞开了友好的胸怀！因为同样可爱的陈晓梅也很善良，两个小姑娘从此成了好朋友，这份友情一直保持到现在。所以后来我对历届学生说："你们现在闹个别扭，几十年后想起来，不就是童年趣事一桩嘛！"

五

还有一封信是写给姜茹同学的——

姜茹同学：

你好！

1983年又要过去了，1984年即将来到。不久我们将欢聚一堂，共庆佳节，祝你节日愉快！

姜茹同学，每当我听到你爽朗的笑声，我都很羡慕你。你真是我们班上名副其实的最爱笑的同学。姜茹同学，我发觉你很能干，又很关心班集体，并且有吃苦耐劳的精神，这是我应该学习的，希望你能发扬自己的长处。

姜茹同学，明年我们就要毕业了，我想你和我一样都很舍不得离开这个班集体吧。确实，这个班集体太好了，我常常因自己没有为班集体多出点力而感到内疚，而你在这方面表现得很好，希望你能好好地帮助我。

姜茹同学，你在学习上还是可以的。马上就要毕业了，希望你能抓紧一切时间认真复习，我衷心地祝愿你考上乐山一中的高中，我想你一定不会使我失望吧。

祝你身体健康！

耿梅

1983年12月19日

这封信，最集中地体现了耿梅对同学的欣赏和对班集体的爱。“我常常因自己没有为班集体多出点力而感到内疚”，多么真诚单纯的“内疚”，其实耿梅也为班集体做了不少事，但她觉得和姜茹同学比，还远远不够。

六

1984年7月3日，是耿梅所在的这个班毕业的日子。学生们刚刚参加完学校的毕业典礼，拿到了初中毕业证书，他们回到教室端端正正坐好，等待着我最后嘱咐几句，然后这个班就算彻底解散了。

但我不想简单地“嘱咐几句”，而打算开最后一次班会，读学生们给我写的信，其主题是“帮助李老师改正缺点”。

前一天，也就是1984年7月2日，我给学生们布置了最后一次“作业”。

那段时间，我一想到自己带的第一个班即将毕业，心里还是有些怅然。虽然只带了两年半，但这毕竟是我教育的“处女作”。因此，哪怕是平时最让我头疼的学生，我都有一种不舍。尤其是想到我以前经常对他们发火，心里更有愧疚，由此联想到自己带这个班的点点滴滴，觉得有许多遗憾。

我决定在这最后的时刻，请全班学生为我做一件事。

于是那天放学时，我说：“同学们，明天你们就要毕业了。这意味着你们的初中生活结束了，但李老师的教书生涯才刚刚拉开序幕，你们就是我的序幕。未来，还会有许多学生等待着我，我还要一届一届地教下去，我的目标是成为一个好老师。但回想教你们的这段时间，我显然还不是个好老师。毕竟你们是我教的第一个班，我承认我非常投入，但我除了激情，一无所有。没有经验，没有技巧，更没有什么教育艺术，相反，还犯了许多错误。有的错误我知道，有的错误我甚至不知道。明天你们就要离开我了，请大家和我告别之前，给我留下一封信。”

学生们听了有些诧异，他们不约而同地抬起头看着我，眼睛里充满询问。

我说：“这封信，就是给李老师提意见。注意，只能写你认为李老师做得不对的地方，不要写李老师的优点。平时你们写作文，写贺卡，都把李老师夸得很好了，现在没必要再重复那些话，这次你们只写李老师的缺点。”

教室里静静的，学生们好像在琢磨我说的话。

我解释道：“刚才我说了，我还要继续当老师，而且争取当个好老师，而当好老师就必须知道自己现在哪些地方做得不好。你们给我写一封信，就是帮助我知道自己存在的缺点，这样就好改正。对你们来说，不过是给我写一封信而已，但对我来说，每一封信都是一面镜子。如果以后李老师真的成了一名好老师，我首先得感谢你们今天的帮助，感谢你们今天写的信！”

我还特意解释说：“为什么要到毕业前夕才让你们写信呢？因为你们马上就要毕业了，可以大胆地写你们的真实想法，不必担心李老师不高兴。就算我看了你们的信很生气，也拿你们没办法，因为你们已经毕业了。”

我说得很真诚，学生们也听得很认真。

七

第二天，也就是1984年7月3日早晨，每一个学生都交上了他们写给我的信。

上午，在学校操场参加完毕业典礼后，学生们拿着毕业证回到教室里坐下，听李老师为他们上最后一堂班会课。

整整五十封信，放在讲台上。

“同学们，谢谢你们写给我的信。现在，我打算当众读一读你们写给我的信，同时剖析一下自己。”说着，我随机拿起一个信封，掏出里面的信，读了起来。

“我觉得，您对同学们了解得还不够，”这是黄慧萍的信，“是的，您把我们当作您的朋友，把自己的理想和希望寄托在我们身上，但不管是希望还是理想，您应该在了解我们的基础上给予寄托，这样同学们才会真正受到教育，您的理想和希望才会在不久的将来实现”。

我说：“黄慧萍同学说得好！只顾向同学们灌输，这的确是我教育的不足。”我心里真的觉得黄慧萍说得好，尽管她还只是一个初中生，但她对教育的认识并不亚于老师。

龚驰群在信中说：“您的脾气有些急躁，有时候控制不住竟对我们大发雷霆，使我对您有些‘恐惧’，请您改正这个缺点，别让下学期的小同学也对您产生‘恐惧’。”

我说：“谢谢龚驰群同学！我完全接受你的批评，以后尽量改正。”

“您应该多多注意保护您的身体，若不是有什么特别要紧的工作就千万不要熬夜，现在正是您为党为人民效劳的时候，怎能年纪轻轻就把身体搞垮呢？”这是白敏同学在信中对我的忠告。她这条“意见”，是有所针对的，在教这个班时，我因工作太投入，一度严重失眠，还曾住院。所以，她的这些话代表了同学们对我的关心。

“谢谢白敏同学！谢谢同学们！”我真诚地说。

我一封信一封信地读着，同学们静静地听着。

八

我又抽出一封信，是耿梅写的。全文如下——

敬爱的李老师：

您好！

三年来，您在我们的身上花费了不少心血，同学、老师、家长都是看见了的。您工作负责、大胆，富有创新精神，把我们“未来班”搞得生机勃勃。我们深深地感谢您！

在这即将分别之际，您诚恳地叫我们给您提提意见。好吧，如果提得不对，请李老师原谅。

第一，我发现您对中等生关心不够。当然，您还是很关心那些优等学生和差等学生的，但往往忽视了中等生。就说李燕琼吧，她明明有不少缺点，您却很少找她摆谈，这使她产生了以难为难的情绪。其实您发现了这些同学的缺点，就最好单独找他们谈一下，不论时间长短，这些同学都会很感动的。

第二，您有时批评同学语言很尖刻。李老师，您还记得吗？初一时，有次我违反纪律惹您生气，您不但请来了我的家长，而且当着我的面在全班同学面前说我“脸皮厚”……当时我不服气，小声争辩了几句，您便严厉地叫我站起来，并列数了我“脸皮厚”的六个标志，同学们都看着我，我羞愧极了，但咬着牙硬是没哭。当然，您也许是对的……但您知道吗？您已经刺伤了一颗幼小的心。

李老师，我知道您很爱我们，当时我也的确做得不对，违反了纪律，您严厉批评我，也是为了我好。但是，我希望李老师教下一个班的时候，批评同学一定要注意方式方法，尤其不要使用伤害同学自尊心的语言。

敬爱的李老师，以上意见可能提得不对，或许是对您的误解，但请您谅解我。作为李老师大学毕业后的第一批学生，我衷心祝愿李老师在今后的工作中保持自己的优点，改正自己的不足，把以后的“未来班”搞得更好，在教育事业上做出一番成就，但愿再过十几年、几十年，我回到母校时，能够看到一个更加朝气蓬勃的“未来班”和她的班主任！

此致

敬礼！

学生耿梅

1984年7月2日

这封信我读得很艰难，很内疚，好像是在读一封检讨书，是在向同学们检讨自己一个难以启齿的严重错误。中途几次不想读，因为重现那个场面，我羞愧得无地自容。但我还是鼓起勇气读了下去，因为我想以这种方式向耿梅道歉。

九

读完了这封信，我好几秒钟说不出话，因为不知道说什么。沉默了一会儿，我还是开口了：“真诚地谢谢耿梅同学！现在我要郑重地说，李老师当时错了，的确错了，我向耿梅真诚地道歉！虽然，我给耿梅造成的心灵伤害已经无法消除，不可能挽回了，但我希望自己在教下一个班的时候，不要犯同样的错误，不要让我的学生再受到这样的伤害！”

这堂班会课的最后，我说："我真想重新当一回你们的班主任啊！但很遗憾，这是不可能的。时光一去不复返，犯过的错误永远没有机会消除了。但你们写给我的这五十封信，我将永远珍藏。这是五十面镜子，随时照着我，也提醒我。下学期，我的工作应该会有所改进，将来也许我会取得比较大的成绩，甚至成为同学们所祝愿的那样优秀的老师，而这一切都与你们写给我的这五十封信分不开。我永远感谢你们，亲爱的同学们！"

当天晚上，我把耿梅这封信一字不漏地抄在我的随笔本上，作为对我的警示。

耿梅初中毕业了，因成绩优秀考上了本校高中，但不在我班上。

1984年秋季运动会上，我参加了男子1500米长跑，跑到最后，我筋疲力尽，几乎要倒下了。这时我听到跑道旁一个胆怯、羞涩的声音传来："李老师，加油……"人声鼎沸之中，这一声最让我感动，因为这是耿梅的声音。她在初中时，曾被我伤过自尊心，但却并没有记恨我，反而在我"危急"的时候送来一股温暖的力量，感动中我有几分惭愧。

几十年的教育生涯中，正是一个又一个耿梅让我明白了一个道理：学生的胸襟很多时候比我们当老师的要开阔不知多少倍！

因为高中没教耿梅，我和她接触渐渐少了，有时在校园里碰见，她总是微笑着向我打招呼："李老师好！"

十

后来耿梅考上大学，毕业后分配到了广东工作，我和她便渐渐失去了联系。一直到近三十年以后，她回四川时来看我，我拿出了自己原文抄写的她当年写给我的那封信，她无比感动。我说："正是你教我当老师！"

2014年8月，耿梅所在的这个班——也就是让我和我的学生共同自豪的“未来班”毕业三十周年聚会，聚会后大家决定编一本书，每个同学都写一篇回忆文章。耿梅的文章里有这样的回忆——

我还记得年轻的毛头小伙子李镇西老师来接任语文老师和班主任时，我很不以为然，但随后被他讲的《青春万岁》《钢铁是怎样炼成的》等震撼了，后来我看过原著、看过电影，但始终不及老师当年在下午读报时间给我们朗诵时带给我的震撼。因为他，我不多的中学记忆中还留存着第一次家访（那天，我忐忑地躲在另一个房间）、请家长(严重惩罚）、太阳岛（不知太阳岛是否还记得三十年前的一群小屁孩在你怀抱里撒野奔跑）、篝火晚会（我至今还保留着篝火晚会那本小册子）等（的情形），老师以他对学生的爱和执着成就了今天的教育界达人。

在这段文字中，耿梅提到了当时她对我担任班主任和语文老师“很不以为然”，其实这不是她一个人的“不以为然”，几乎所有学生最初都不接受我。

对此我得做点儿背景补充。由于1977年恢复高考太突然，来不及组织高考，所以1977级学生整体上推迟半年高考，也推迟半年入学，自然就推迟了半年毕业，也就是说，我是1982年2月大学毕业到乐山一中报到的。那时候，耿梅和她的同班同学初中已经读了一学期，我是初一下学期开始教他们的。当时，这个班的班主任是体育老师冯宗秀，这是一位非常和蔼可亲的老师，深受孩子们的爱戴。所以，当得知我要出任班主任，会“夺走”他们的冯老师时，孩子们自然难以接受。

十一

但是，我很快就赢得了学生们的欢迎。后来，耿梅在另一篇文章中再次谈到——

李老师是初一下学期任我们班主任兼语文老师的，当时蛮失落，觉得他太年轻，但由于父辈曾为同事，因而多了几分亲切。现在想想我中学时代最难忘的就是初中三年，那时最开心的就是每天下午班会上听李老师朗诵《青春之歌》《红岩》《钢铁是怎样炼成的》《爱的教育》，听他讲时事新闻；周末去太阳岛晒晒太阳、创作小诗歌、打打“游击战”；还有初三的篝火晚会。那时年少的我们展望未来、憧憬未来，所以有了“未来班”，有了谷建芬老师的作曲。我还记得李老师让每位同学用顶真手法创作“未来班”诗歌，发动同学刻印“未来班”纪念册。终于，我们班成了“别人家的班”、有了别人羡慕的班主任。

她还谈到我对她人格形成的影响——

李老师对教育事业、对学生的热爱，对社会不良现象的愤怒及强烈的责任感，通过他的讲堂影响着我们。很感谢在那个百家争鸣、百花齐放的年代，我们有幸遇见李老师，明白了何谓真、善、美，何谓正直、责任与担当。

毫无疑问，耿梅写的都是真诚的，是少年时候的她对我真实的印象，但这只是部分的真实，因为她只字未提我曾当众破口大骂她“厚脸皮”。我想，她不是忘记了，而是真诚地原谅了那个刚大学毕业的年轻的李老师。

看看，无论当年我多么对不起耿梅，多年后她回忆起李老师，记住的全是李老师的好，而把我对她的伤害“忘”得干干净净。

我再说一遍，学生的胸襟永远比老师开阔！

十二

长大后的耿梅从事金融工作。关于她后来的人生，耿梅自己在文章中是这样叙述的——

> 大学毕业以后我来到了广州，去过企业，后来一直在银行工作。其间也曾经历委屈、失望、挫折与失败，如今回头来看，都是一种历练。我们从小到大都被家长、学校保护得很好，接受的都是象牙塔式的教育，但社会很复杂，各个人或团体的利益需求很多元。

耿梅也曾遇到内心所想与现实所见的冲突——

> 在银行从事信贷工作多年，面对的企业千姿百态。还记得刚从事信贷工作时，接手一家企业的融资，老板老实本分，企业经营暂时艰难，年轻气盛的我很想帮帮他，但被告知仅凭你的善良就能保证贷款顺利回收吗？后来遇见一家企业，老板八面玲珑，企业表面辉煌实际却现金流枯竭，当我简单地想否决该笔贷款时，却又被告知该企业在某一领域有尚待挖掘的经济利益，可以继续支持！凡此种种，工作不再是简单的1+1，而是各种利益的博弈。很感激李老师当年施行的素质教育，使我能

在保持正直善良的前提下，苦修内功，提升自己的专业水平，有幸能帮助不少企业真正解决资金需求，不忘初心、方得始终。

可爱的耿梅，原谅了老师对她心灵的伤害，却记住了我曾通过《青春万岁》《爱的教育》等文学作品给他们播下的真善美的种子。当年我在读这些作品时，并没有想过“一分耕耘一分收获”，但雨露一旦洒进心灵的原野，沉睡的种子必然发芽。至于什么时候发芽，在什么地方发芽，则因人而异。所以，教育不必随时惦记并纠结“一分耕耘一分收获”的急迫与功利，而应该有一种“只管耕耘，不问收获”的从容与超越。

十三

大概是十年前，我在广东再次见到了耿梅。当时我送了她一本书，书名叫《做最好的老师》。之所以送她这本书，是因为我将曾经伤她自尊心、她毕业前给我写信的事写在了里面。

我对她说：“我要用我的教训告诫现在年轻的教育同行，一定要尊重学生的人格，不要伤了他们的自尊！”

几天后，耿梅给我发来短信：“李老师，您的确是我遇到过的最好的老师！”

不能说耿梅的话不真诚，但却似乎不合逻辑：我刚当老师时便严重地伤害了她，怎么可能是“最好的老师”？何况，我当时毫无教育经验，无论从哪个方面讲，都不能算“最好的老师”。但后来仔细一想，她想表达的意思可能是，我是最真诚的老师，而“真诚”，是好老师最重要的品质。这可能就是她说我是“最好的老师”的逻辑。

2018年8月，在学生们的提议下，我回到乐山一中在当年给他们上过课的阶梯教室，上了我退休前的“最后一课”。

耿梅专程从广州赶回来听我的“最后一课”。而与她一起回来的，还有一个帅气的小伙子，耿梅介绍说：“李老师，这是我儿子，刚刚高考结束，我对他说，走，回四川听妈妈的老师上最后一课！”

后来耿梅也在文章中记录了这一幕——

在我儿子高中毕业、即将上大学的那年暑假，我带他回去听了李老师的最后一节课，听李老师讲《一碗荞麦面》。过后儿子说，这节课与以往听的课都不同，他能感受到李老师的激情、感受到爱的传承。

当时，我站在讲台上，已经不再年轻的耿梅目不转睛地看着我，她的儿子也专注地凝视着我。恍惚中，我好像回到了三十多年前，看到了文静而羞涩的耿梅……

补充

2023年9月8日，我去广州讲课，再次见到了耿梅。

耿梅请我吃饭，餐桌上，我们情不自禁地聊起了当年。我坦陈四十一年前的我刚当老师时毫无经验，更谈不上技巧，无论在课堂教学还是在班级管理上，都很稚嫩。

耿梅特别感慨：“李老师退休了依然这么有激情，还在为教育忙碌着。”

闲聊中，她说起了一件事：“当时我和邻班一个女同学很要好，但因为那个女同学在老师眼中比较有个性，有些野气，不那么温顺，您便不许我和她往来，说怕她把我带坏了。就这样，我和她断绝了往来。现在看来，您是活生生地掐断了我和她的友谊。”

我完全不记得这事儿了，问：“几十年来，你就没和她联系了吗？”

耿梅说：“是的，后来一点联系都没有了。不过，我知道李老师当年是好心。”

我既惭愧又感动。惭愧的是，当年“好心”的我摧毁了一段纯真的友谊；感动的是，耿梅并未因此记恨老师，而是几十年来一直和我保持着真诚的情谊。

我再次感慨，学生的胸襟总是比老师开阔。

下午一点半，我站在讲台上向全场老师讲述我的成长故事。讲从教之初，自然避不开“未来班”的班歌，以及我们与谷建芬老师的交往。老师们都被感动了。

在PPT上展示谷建芬老师的回信时，我说：“看，谷建芬老师对孩子们的称呼不是简单的‘同学们’，而是将五十个孩子的名字一一点到。”我一边指着那些名字，一边读：“乐山一中‘未来班’的刘大庆、黄慧萍……”读到“耿梅”时，我说：“这个耿梅，今天也来到了现场。”

老师们很惊讶，情不自禁鼓起掌来。掌声中，耿梅站起来，向大家点头致意。

在讲反思的话题时，我再次讲到耿梅毕业前夕给我写的那封信，她说我曾经在批评她时骂她“厚脸皮”，她希望李老师以后批评同学一定要注意方式，特别是不要有伤害学生自尊心的语言。

我说：“几十年来，正是一个又一个耿梅，教我怎样当老师。就在今天中午，耿梅还回忆起当年我‘好心’地毁掉了她和一个女生的友谊。我的确已经完全忘记了这件事，但耿梅所说完全符合我当年的逻辑，因为当时从老师的角度去打量，我一定是怕那个女生把耿梅带坏了。在我看来，耿梅那么纯真乖巧，我不能眼睁睁地看着她‘变坏’，我有责任阻止她俩玩在一起。但是，我没有从孩子的角度去理解她们的友情，便出面干涉。当年的耿梅很听李老师的话，断绝了和那个女孩的交往。我这是粗暴地摧毁了一段纯真的友谊。感谢耿梅对我的宽容，也感谢你帮助我成长！”

全场再次响起了掌声。

也许因为有耿梅那双虽然不再年轻却依然清澈的眼睛一直在台下看着我，我那天讲得特别带劲，也特别有激情。耿梅是我教育青春的见证者，我讲的许多故事，她都是亲历者。

彭可嘉：从好孩子到好妈妈

一

我准备写彭可嘉的故事。我在微信上给她留言，请她为我提供一些素材，其实就是让她回忆一下，三十多年前我教她时给她留有哪些比较深刻的印象，对她产生了什么影响。

结果她给我写了一篇长长的回忆录，开篇居然是我当年让她扮演罗莎·卢森堡！她写道——

> 印象最深刻的是初二时您组织我们扮演角色进行演讲，记得当时我选的角色是罗莎·卢森堡，那时的我根本不知道罗莎·卢森堡是谁。懵懵懂懂地跟着同学到您的宿舍，记得当时看到您的单身宿舍里到处都堆满了书，我内心无比惊讶。您给每个参加演讲的同学都发了一本书，给我的是关于罗莎·卢森堡的，书里有她那句名言："不管一切如何，你仍然要平静和愉快。生活就是这样，我们也必须这样对待生活，要勇

敢、无畏、含着微笑——不管一切如何。”当时的我其实对她毫无了解，经过您的一番指导，我才知道她是一位卓越的革命家，身为女性的她在暴风骤雨的革命运动中完全不输男人，我顿时心生崇敬。经过反复的练习，演讲时，一激动我真的感觉自己就是在面对群众进行演讲。这些往事您和同学们可能都已经淡忘了，但是罗莎·卢森堡却在我的心中留下了很深的烙印。

读到这里，我目瞪口呆，因为我完全忘记了这件事。我打开记忆的闸门回忆了很久，终于想起来了，好像是有这么回事。

如果按一般教师的“常理”去想，一个刚踏上工作岗位没几年的年轻教师，怎么可能安排一个12岁的小姑娘去扮演19世纪国际共产主义运动的早期领袖人物？这不是很荒唐吗？

然而，请容我不谦虚地说，那时二十多岁的我并不是“一般教师”。虽然以世俗的眼光看，我不过是一个初出茅庐的年轻教师，连教研组备课小组长都不是，但我的班级、我的课堂，却有别于甚至迥异于一般的老师的班级、课堂。比如，我把我带的班取名为“未来班”，我们拥有由著名作曲家谷建芬老师谱曲的班歌；又比如，我不止一次把语文课堂搬到大自然或农贸市场；我还在班上搞了许多说不清是属于语文课还是班会课，或者说既是语文课又是班会课的活动，比如“思想节”——这是我设计的融思想教育、思维训练和能力培养为一体的主题活动。

而可嘉所说的扮演罗莎·卢森堡发表演说，就是在这次活动上。

可能今天知道罗莎·卢森堡的年轻人已经不多了。她是国际共产主义运动早期的领袖人物，被列宁誉为“革命之鹰”。列宁曾引用俄国一个寓言中的两句话，来评价曾经犯过错误但“始终是一只鹰”的罗莎·卢森堡：“鹰有时飞得比鸡还低，但鸡永远不能飞得像鹰那样高。”在我的青春时代，与卡尔·马克思、弗里德里希·恩格斯、威廉·李卜克内西、卡尔·李卜克内西等人一样，罗莎·卢森堡也是我心中的偶像。

为了写这篇故事，我特意找出了自己二十多年前出版的《语文教育：从批判走向建设》一书，里面有一篇题为《我们的“思想节”》的短文，是我当时写的实录。全文如下——

我们的“思想节”

在鲁迅先生逝世50周年纪念日（1986年10月19日）这一天，我班搞了一次融思想教育、思维训练和能力培养为一体的主题班会活动——思想节。

虽然这次班会是以纪念鲁迅为主要内容，但起名为“思想节”，就是为了使这次班会活动的内容更丰富，涉及面更广，不仅仅局限于纪念鲁迅，还包括了解古今中外其他大思想家。而且“思想节”的“思想”二字还点明了此次活动的宗旨是（使学生）通过了解、纪念思想家而活跃思想、启发思考、训练思维。

班会前我做了这样一些准备工作：一是确定“思想节”的主题——“学习鲁迅，振兴中华”。二是商定活动的具体内容：由学生扮演的思想家发表简短演说，举行鲁迅知识竞赛，开展社会问题讲座或辩论。三是分别向学生布置任务，进行具体筹备。如请思想家的扮演者了解有关人物生平事迹，阅读相关名言警句，在此基础上准备演讲词；请参加鲁迅知识竞赛的同学查阅有关资料；请全班每个同学都准备一些可供讨论或辩论的社会问题。

“思想节”这天，教室被同学们布置得庄严朴素而又美观大方。

黑板上“思想节”三个红色大字十分醒目，上方还画着我班班徽——红日、大海、海燕；两边墙上挂着鲁迅、居里夫人、爱因斯坦、歌德等名人的肖像；教室后面的黑板上写着“民族魂”三个大字和毛主席评价鲁迅先生的一段话。

“思想节”由4位班干部共同主持。

在极为热烈的掌声中，由6位男同学和6位女同学扮演的12位思想家走上了讲台，微笑着向大家频频挥手。“这位是马克思”，主持人一一向同学们作介绍，“毛泽东、鲁迅、爱因斯坦、郭沫若、居里夫人、罗莎·卢森堡、向警予、江竹筠、张志新、秋瑾……”

教室里响起一片欢呼声……

“各位先生、各位女士，你们好！”扮演马克思的程桦颇有风度地开始了演说。他谈到了对中国的敬仰：“我终于来到了中国，这是我一百多年前就向往、关注的东方文明古国。”他谈到少年时代的立志：“17岁时，我曾在一篇作文中写道：‘如果我们选择了最能为人类福利而劳动的职业，那么，重担就不能把我们压倒……’我们的事业并不显赫一时，但将永远存在！”他谈到了马克思主义的发展：“我十分高兴地看到，以毛泽东为代表的中国共产党人在实践中丰富和发展了我的学说，把中国革命推向前进，在世界上人口最多的中国建立了社会主义制度；现在，以邓小平为代表的第二代中国共产党人又以建设有中国特色的社会主义而开启了国际共产主义事业的新纪元。”最后，“马克思”以一段气势磅礴的话结束了演说：“不管怎样，我坚信：共产主义革命必将胜利。在这场革命中，无产者失去的只是锁链，他们获得的，将是整个世界！全世界无产者，联合起来！”

“……我以为，改革在中国向来不是一件易事，所以我时常害怕。”彭涛扮演的鲁迅谈到了改革的艰难。说到这里，他突然提高了声音：“愿中国青年都摆脱冷气，只是向上走，不必听自暴自弃者说的话，不必理会这冷笑和暗箭。能做事的做事，能发声的发声。有一分热，发一分光，即使如萤火虫一般，也可以在黑暗中发一点光，不必等候炬火……”

“思想家”们一一上台演讲，他们热情洋溢，富于哲理而又各具特色的精彩发言，博得了大家一阵阵掌声。

演讲完，便开始了鲁迅知识竞赛。竞赛方式是由两位同学上台，你一言、我一语地说出各自了解的有关鲁迅的知识……

接下来的“社会问题讨论”，把这次“思想节”活动的气氛推向了高潮——

“鲁迅最令人敬佩的是他对中华民族弱点的深刻剖析，这使我想到现在的改革……”彭涛侃侃而谈。

“我想谈谈生活中‘小草’与‘大树’的关系问题……”吴涛滔滔不绝。

……

热烈的讨论变成了激烈的辩论，涉及的问题越来越多。大家谈到深圳特区的改革，谈到电视连续剧《新星》，甚至谈到中国和日本、美国的关系……同学们的辩论针锋相对，各自的发言虽不无偏颇，但每一位学生的胸膛内都跳动着一颗赤诚的中国心！

“思想节”快结束时，主持人宣布：“最后，让我们欢迎应邀到来的李向南同志作总结发言！”

“李向南？”大家正惊异地东张西望时，我从容地走上讲台：“我就是电视剧《新星》的主人公李向南！不，我是古陵县委书记李向南。”

同学们恍然大悟，一下笑了起来。

我很庄重地对大家说："由于在古陵县改革受挫，我改行从事教育了。但这绝不是退却，而是另一种形式的进攻——我立志培养出一大批超过李向南的改革者，去改造我们的社会！参加你们的'思想节'，我很兴奋，我坚信：未来跨世纪的思想家、改革家、科学家一定会出自你们之中！"

"哗！……"回答我的，是一阵春雷般的掌声。

"思想节"虽只是一种小小的班会形式，但它对学生所产生的思想教育、能力培养效果却是全面、广泛而又潜移默化的。

二

重读这篇当年的文章，我心潮起伏，让一群初二的孩子讲鲁迅与马克思，讲启蒙与改革，当时这样做的老师并不多。我承认，这不但与我当时活跃的思维有关，更与那时的社会变革潮流有关。20世纪80年代"万类霜天竞自由"的社会风气吹进了我的教室，让我的课堂也充满思想的气息。

这篇文章只选择性地记录了"马克思"和"鲁迅"的演讲片段，而没有"罗莎·卢森堡"，即彭可嘉发表演说的具体记录，略有些遗憾。但"罗莎·卢森堡"这个不朽的名字却在她的心上扎下了根。

说实话，即使在今天，如果不是专门研究国际共产主义运动的人，或者对那段历史有特殊兴趣的人，可能根本就不知道"罗莎·卢森堡"是谁。可是，这位无产阶级的领袖人物不但被当年一个12岁的小姑娘彭可嘉记住了，了解了，扮演了，而且后来还在精神上持续伴随着她。

可嘉继续写道——

以后的岁月中我读过她的书和介绍她的文章，罗莎·卢森堡一生波澜壮阔，著书无数，她的一些理论和意见十分精彩，她提出的很多观点，无论在当时还是在如今都引起不少争论，但于我而言，读她的文章能感受到那份难得的历史洞察力，正如她所言："自由始终是持不同思想者的自由"，这是民主的真谛！我更喜欢读她的《狱中书简》。在书中，阳光、白云、湖光、山色，大自然的一切，都被她赋予了生动的人类情感，罗莎·卢森堡倾心诗歌、建筑、音乐，她常常沉浸其中，内心充满愉悦。一个投身政治运动的革命家却如此博爱宽容，她坦然面对生活加于她的各种伤害和痛苦，还能在任何情况下感受到幸福，体会美好和善良。这样的女性，即使在一些人眼中不是完美的，但完全无损她的伟大。

李老师您通过这些演讲活动，或许是无意之中给我安排了这个演讲形象，却像播下一颗小小的种子，然后生根发芽。对我而言，罗莎·卢森堡是参天大树，是极具人格魅力的革命女性，她唤醒了我对大自然的热爱，对真善美的追求，让我学会面对生活中的凡此种种时，要独立思考，不要人云亦云；同时学会鉴古知今，明白历史和现实之间的关系，就像罗莎·卢森堡那句名言："我来过，我又来到，我还将重临！"

虽然在当年的"思想节"上，与"马克思"和"鲁迅"相比，彭可嘉扮演的罗莎·卢森堡谈不上显赫，但对彭可嘉来说，这却是她在班上几乎绝无仅有的"高光时刻"。

因为可嘉当时在班上实在是太普通太普通了。

看到可嘉的第一眼，就觉得模样儿可爱，穿得干干净净。我印象最深的就是这孩子特别有教养，言谈举止都很自然地透露出良好的家庭教育。她也有着小姑娘的胆小害羞，说话柔柔的，但对人很有礼貌。可嘉性格温和，我从没见她和谁生过气，好像随时都微笑着。小姑娘长得也很漂亮很可爱，所以即使她并没笑，但所有看见她的人，都觉得她在微笑。她很善良，每次我在班上问“哪个同学愿意……”她总是把小手举得高高的，眼睛里闪烁着急切的光芒，好像在说：“李老师，我去，我去！”对了，我想起来了，有一次班上搞“全班之最”的评选，她和另一位同学被评为“最善良的同学”。

论学习成绩，可嘉不算名列前茅，属于中等偏上吧，但无论听课还是做作业都从不让老师操心。那时候，我们班有自己的班报《未来日报》，其实就是同学们的手抄小报，每天都由一个同学将自己独立撰稿、排版、抄写的小报贴出来。每当轮到可嘉出报时，她都非常认真，从不拖欠，而且她办的小报版面很漂亮，因为她喜欢画画。我现在还珍藏着一张她办手抄报的照片。

总之，在我班上三年，我对批评她没有印象。本来嘛，这么乖的小姑娘，老师怎么可能批评呢？

没有批评过她，但我特别关注过她。有一次考试，可嘉的成绩有所下滑。她妈妈来找我，很为女儿的学习成绩着急。我决定给可嘉写一封信。

本来这事找她谈谈就可以了，为什么要写信呢？因为还有一件事，我觉得当面谈不如写信说。有一段时间个别同学对她有所议论，而这些议论大都聚焦于对懵懵懂懂的青春期初期男女同学关系的种种“猜想”。别误会，我们的可嘉绝对没有所谓的“早恋”，但她长得很漂亮，有同学自然会开玩笑，这些玩笑也没有什么恶意，但可嘉比较敏感，她有着几乎所有小女生的共性——心胸不够豁达开朗，不够大气。于是，我给她写了一封信。

三

几十年来，我一直有个习惯，即每写一封信都会抄一份底稿。当年写给可嘉的信因此而被保留了下来——

可嘉：

你好！

今天想跟你谈三个问题。

一是自信心。可嘉学习很刻苦，对自己要求很严，但成绩总是不太理想，不知你是否失去了上进心。我想，你学习不太好，主要是因为你年龄小，理解能力未达到全班的平均水平。当然，这不是说你肯定学不好，恰恰相反，你现在在班上的成绩基本上算中等，这就说明你并不笨。你的作文，你的小发明，都可证明你是完全能学好的，对此，你一定要有十足的信心。

二是学习方法。可嘉要善于动脑筋，随时训练自己的抽象思维能力，把老师讲的心理学知识自觉运用到学习上去，至于预习、复习我就不多谈了。马上要期末考试了，你可在这段时间先找找自己的薄弱环节，这会使你在全面复习时更有针对性一些，也更主动一些。总之，尽到自己的最大努力，也就问心无愧了。

三是正确处理与同学的关系。可嘉对人还是很和善的，比较能够忍让，这点应保持。同时建议你不但要宽以待人，还要在心里原谅同学的缺点，向彭艳阳学习。我了解到有个别同学乱说你（可能是开玩笑），我已经批评她们了，她们也表示要改。希望这些无聊的东西不会给你造成心理压力，原谅同学，坦然一些，我是相信你的，你是能做到的。

今天就谈这些。快到元旦了，祝你新年快乐！

1986年12月25日

可嘉就是我们通常所说的容易被老师忽略的“中等生”，还好，我觉得自己当年并没有忽略她，还有和她一样的其他中等生。

其实，就教养而言，她并不“中等”，而是一名优秀的学生，只是因为她的学习成绩并不出类拔萃，再加上各方面的能力弱一些——至少并不出众，因此初中三年，她连班干部都没当过。那时候，我班上的班干部都由同学们无记名投票选举，而不是由我指定，但可嘉却从没当选过。

这是为什么呢？因为她年龄太小。这个班的学生大多出生于1971年和1972年，而她则出生于1973年10月，是班上最小的同学。换句话说，班上几乎所有同学都比她大一两岁。直到初中毕业，她都还没满14周岁。

因为年纪小，各方面的能力比班上同学稍微弱一些也是很正常的。在我的印象中，可嘉比较胆小，尤其是课堂发言时，她总是很紧张，声音也很小，但她从不放弃锻炼自己的机会。

那时候，为了引导同学们关心时事，同时也培养他们的口头表达能力，我要求每个值日生除了擦黑板和课前喊“起立”，还必须上台给全班同学讲一分钟新闻。这可把可嘉难住了，在1985年4月23日的值日生日记里，可嘉有这样的记录——

> 读报课的时候，老师叫我上台报新闻，我一听立即掏起衣兜来。干什么呢？找一张写有新闻的纸条。就是这个动作，当时我并没感到脸红，但现在细细想起来，是多么的可笑和惭愧啊！记得李老师在第一次要求值日生报告新闻时，就说不准照着念，后来又强调了几次，可我仍然那样做，这就是明知故犯了。

大约半年后的9月25日，又轮到可嘉当值日生了，她在值日生日记里，依然记录了报告新闻这件事——

每天报告新闻的时间，都是读报课，可今天李老师却让我在早读课上报告。我想，李老师大约是想看看我准备得好不好。

讲完后，李老师给我的评语是："内容不充实，但声音洪亮，神态自如，总的来说比昨天报告得好。"

我听了这话，不由得想到昨天晚上，我在选新闻时嫌这个不好那个又太一般，最后只挑了四条。下次报告新闻时，我一定注意内容充实这一点。

也怪我，因为我点评的时候首先就说她讲的新闻"内容不充实"，所以可嘉一直自责。其实我很为她的表现感到欣慰，"声音洪亮""神态自如"，这对胆小害羞的可嘉来说，是多大的进步啊！

可嘉就是这样，哪怕是做值日生给大家报告新闻，她也不断克服自身的弱点，不断超越自己，后来竟能站在讲台上，以革命家罗莎·卢森堡的身份向全班同学发表演说，这真是了不起的进步。

说到"超越自己"，我想到了有一次全市的元旦环城跑，弱小的可嘉也参加了。可嘉的身体当然健康，但毕竟年龄小，要和那么多比自己年长的叔叔、阿姨、哥哥、姐姐们一起跑完全程，需要的不仅仅是体力，还有勇气。可我们的小可嘉竟然真的坚持跑完了全程。

多年以后，已经为人母亲的可嘉用"素质教育"来描述当年她在我班上所受到的教育。她说："现在回想起来，我印象最深的就是当年您对我们进行的'素质教育'，您一直倡导教育学生除了书本的学习，还有人格的塑造、生活的锻炼。"

四

除了那次扮演罗莎·卢森堡发表演说，留在可嘉记忆深处的还有初二那次走上街头卖冰棍儿、卖书。

那时候，还没有什么"综合实践活动"的说法，我只是质朴地认为，语文教学并不应该仅仅发生在课堂上，而是更应该发生在学生的生活中，因此我提出了"语文学习生活化，学生生活语文化"的观点，并尽可能将这个理念变成我的实践与孩子们的行动。于是，我鼓励同学们以小组为单位走向街头，在社会生活中学习语文、运用语文，在提升语文能力的同时增强社会责任感。于是，有的小组上街找错别字，有的小组到乡下采访农民，还有的小组在街头摆地摊儿……

可嘉和她的小伙伴们在做什么呢？

在写给我的素材中，她这样回忆——

初二的暑假，您鼓励我们去体验生活，进行社会实践。小小的我们根本不懂什么是社会实践，也不知道该如何开始。第三小组的姑娘们商量了一周，提出了无数设想，最终决定到冰糕厂批发冰糕去沿街叫卖。

那次的经历，我真是终生难忘。7月的乐山炎热潮湿，我们一整个上午都忙着领木箱装冰棍，我的小滚圈自行车根本装不下那么大而笨重的保温木箱，反复摆放捆绑了六七次才勉强保证其不掉下后座，而且还必须有两人在木箱后一左一右提供支撑才能推行自行车。折腾完后已到下午，我们顾不上吃午饭，带着小小的期许和兴奋，一鼓作气把自行车推到了大街上。下午一点的街道上空无一人，刺目的阳光照得整个马路明晃晃的，街道上只有嚣张的蝉鸣。刚开始大家很有新鲜感，时不时就要揭开盖子检查冰棍化了没有，还互相监督禁止偷吃。

我们始终不好意思开口叫卖，所以整整一个下午，进货的20根冰棍一共只卖出去3根，并且其中一根只收到3毛钱（卖价5毛），因为那个馋嘴的小屁孩实在没有钱了。推着推着，木箱越来越沉重，融化的冰棍也越来越多，大家都愁死了。下午五点，经过激烈的思想斗争和热烈的讨论，三个小伙伴最终决定，蹲在发烫的街沿，把已经严重“瘦身”的冰棍，一人几根全部消灭了。哎，这真是一次失败的销售经历！

当然也有成功的经历。第一次社会实践的失败，让我们决定开辟新的赛道：销售杂志和期刊。方向确定了，但如何解决杂志和期刊的来源问题？谁都没有办法，几个小伙伴七嘴八舌地说，这事归新华书店管，但新华书店的经理谁都不认识呀！

当时我说，李老师说过我们应该勇于自我推荐。大家说，好呀，那就你去吧！于是我怀揣着一股初生牛犊不怕虎的精神敲开了当地新华书店总经理的门。我记得总经理是一位很精神的老太太，她眯着眼很耐心地听我啰唆了半天，然后说好吧，你们要锻炼就试一试吧！说着就写了一张条让我拿去发行部。

接下来，大家开始了长达一个星期的摆摊生活。每天晚上匆匆吃过晚饭，我们就到当时新村电影院对面的街道边摆书报摊，我家就在附近，邻居叔叔阿姨们晚饭后出来散步看到我都会奇怪地问，你在这儿干吗？这次我和小伙伴们汲取了第一次失败的教训，开始大方介绍我们在做社会实践，很多叔叔阿姨都笑着购买了他们或许并不需要的杂志和期刊。

初尝成功的滋味后，大家越来越放得开了，开始主动向每一个过路人兜售。慢慢地，努力有了回报，小小的报摊前开始有人驻足翻看阅读，购买的人也逐渐多了起来。一周的摆摊生活很快过去，每个小姑娘都晒黑了一圈，最终结算时我们把应付新华书店的钱交给了书店，居然还有五十多元的剩余，那个时刻每个人脸上都写满了成功的喜悦。当时我分到十几元钱，我一直储存在存钱罐里保管至今，我的家已经搬迁了好几次，但这份童年的记忆我一直小心翼翼地收藏着。

我无法想象，当年那么胆小的小可嘉是怎样鼓足勇气去敲开了书店总经理的大门，并在她面前“啰唆了半天”，最后终于说服了总经理的！当初连上讲台讲一分钟的新闻都得悄悄看稿子的小姑娘，就这样长大了。

当年，我只是想让教育多一些勃勃生机，让孩子们除了考试，还能收获一些其他的能力，却没有想到这些经历能影响他们的将来。

可嘉说：“多年以后，我一直在回想，为什么初中的这几次社会实践让我格外难忘。我感觉到我最大的收获是，初中时代的这些锻炼让我从内向敏感变得大方干练，做事不再畏首畏尾；同时也领悟到生活的不易，做事的艰辛。记得从那个暑假开始，我就主动在家里帮助父母做家务活了。这些社会实践活动，真的比书本上的文字更生动，更直接，能让学生更多地接触社会，更早地了解真实世界。”

五

可嘉留在班级日记中的最后一篇文章，记录了中考后毕业前夕班上的情景——

1987年6月25日　星期四　天气　阴

这是一个同学们老早就翘首以待，提起却又忐忑不安的日子。

老早便有同学静候在教室门外，等待着老师，等待着尚未得知的考分。那急切不安的心情早写在了脸上，渗进了言语。

不论是担忧害怕，还是兴奋得意，事实终归摆在了各人面前，不容逃避。或许是有的同学早已知晓，或许是由于“不过如此”，大部分同学仍然显得平静。唉！谢天谢地，不管考得是好是坏，反正心中的石头落了地，不再七上八下作怪了。有部分同学刚开始的确很是伤心，不过慢慢到后来仿佛也想通了似的，渐渐快活起来。

领了考分后，李老师又向我们提起了他的忧虑，他的伤心，他的怀疑，以及初中三年来他所经历过的部分痛楚。望着三年来朝夕相处的老师，那位我们认为异常坚强、轻易不会动感情的李镇西李老师，我却感到，他的声音是颤抖的，眼镜后面的眼睛也仿佛兜着泪花儿。我真愿全班同学向他发誓，你的学生绝不会辜负你。可我只能在自己心中发誓：我相信自己，即使将来处在极普通的岗位上，我也会竭尽全力。

末了，同学们又开始了一项早已开始却尚未完成的工作，互赠留言。留言除了过去如何、过去怎样，便是希望和祝愿。其实何必写那么一大篇，我们三年结下的深厚情谊，不提也心中早已明白，何须多言？还是让我们友人之间，多提些对方的弱点及建议，利用这最后的机会对别的同学尽最后一次责吧！

我记不得当时对同学们说的话，是怎么让可嘉感到了“他的伤心，他的怀疑，以及初中三年来他所经历过的部分痛楚”。我估计在毕业前夕，我给大家提了一些希望，面对将来会踏入社会的他们，我也可能说了一些我的担心，至于“经历过的部分痛楚”，我想可能是13岁的小可嘉用词过重吧。我在这个班所实施的许多后来被称作“素质教育”和“教育改革”的做法，当时却备受争议，甚至被指责为“简直是胡来”，但我依旧我行我素，依然执着于自己的教育理想与实践，这当中自然会有一些不快。面对即将毕业离开自己的学生，我完全可能推心置腹地向他们倾诉自己探索的困难与苦闷，目的还是希望他们将来面对人生的风浪时，能够保持童心，正如可嘉在这最后一篇班级日记中所写的那样——我相信自己，即使将来处在极普通的岗位上，我也会竭尽全力。

可嘉初中毕业后，考上了另外一所高中，但她依然经常和同学们一起来看我。我心里也一直装着可嘉和其他毕业了的学生。

以某些小说、电影或电视剧等文艺作品的套路，从小因我而崇拜罗莎·卢森堡的可嘉，长大后应该成为罗莎·卢森堡那样叱咤风云的人物，至少也应该以深邃的思想、出色的口才，而成为社会栋梁。那样，我的教育才算“成功”。

但教育不是小说，人生也不是电影。接受过我们的教育的学生中，科学家、艺术家、政治家只是极个别，绝大多数学生都是普通人，这才是教育的常态。但只要他们一生善良、正直、勤劳，同样是令我们欣慰甚至骄傲的学生。

可嘉就是这样的学生。

六

关于她后来的人生，我还是直接引用她的自述来展示吧——

（我）高考后进入四川工业学院（现西华大学）就读工业会计专业，毕业后到乐山市科技情报所担任会计，2001年乐山市财政局成立会计核算中心，我参加了选调考试，进入会计核算中心（现国库支付中心）工作至今。

我的工作经历很平淡，基本没有太多变化，有所区别的是以前单位工作相对比较清闲，进入财政部门以后工作强度大大提升，尤其是近些年，各种新的工作系统、财政资金监控平台纷纷推出，工作压力陡增。政府希望了解各部门工作的方方面面，为了及时掌握基层数据而建立起这些从中央到地方的直达资金数据监控平台，每一笔资金的支付，都必须在系统中及时录入关联，一旦某笔支付数据不符合支付规则，系统就会直接进行红灯或黄灯预警，我的工作就是如果出现预警信息，要立即通知相关单位或区县部门进行整改；要随时督促支付进度和资金分配进度；月初要布置安排本月的各项工作任务；月末要进行数据统计汇总，及时完成各项报告和总结。我和同事们加班加点统计数据是常态，周末也是如此，月初月末甚至要工作到晚上十一二点。

我的工作涉及几十个大类几千个项目的资金（因为工作保密的要求，我隐去了数字，请您谅解）。

比如困难群众救助资金，主要用于农村低保及城市低保人群，按照“应保尽保，应退尽退”的动态原则，将符合条件的困难家庭全部纳入低保保障范围，按照城市低保每人每月620元补差、农村低保每人每月420元补差的标准进行生活保障金的发放。为全市困难群众提供基本生活救助，筑牢兜底保障。

再如城乡义务教育补助资金，主要用于我市特岗教师工资及学生资助、学前资助、义务教育困难学生补助、普高助学等项目。通过项目实施，减免幼儿保教费，为义务教育阶段家庭经济困难学生提供生活费补助，给家庭经济困难的普通高中学生发放助学金，免除普通高中学生、职业高中学生学费和杂费，确保乐山市学生补助资金准时发放到位。

我每天与大量的数据打交道，既烦琐又枯燥，大量的数据分析耗费巨大的精力，如果遇到系统问题更是抓狂不已，节假日往往也是数据汇总上报日，所以经常得不到休息，仍然要加班加点地完成工作。对于这份工作，刚开始我也颇有怨言，慢慢地我明白了这份工作的意义所在：财政部门是个特殊的综合管理部门，大多数工作都是按部就班、循序渐进的，它不比其他部门，允许改革创新，工作永远充满激情，基于财政工作的特殊性，我们不仅要认真工作，更要用心工作，让数据准确真实，客观反映每类行业每个项目的实际情况。我们的工作从大的层面讲是让公共财政阳光普照城乡大地，让国家惠民政策温暖每一个百姓，具体说就是让城市居民医保养保能及时足额到位，困难群众能及时领到救命钱，家庭困难的少年学子不会因贫失学，农民能及时采购各项物资不误农时，农村危房改造家庭能得到及时帮助……政府工作的运转、财政资金的支付，有我所出的小小的一份力，这就是我工作的意义！

最后一句话，让我特别感动："政府工作的运转、财政资金的支付，有我所出的小小的一份力，这就是我工作的意义！"如果把整个国家比作一部庞大的机器，那么它不停地有效运转则需要无数颗微不足道的螺丝钉，缺了一颗都不行。而可嘉正是这千千万万螺丝钉中的一颗，她和其他同样普通的"螺丝钉"一起，支撑着"政府工作的运转、财政资金的支付"。

我1991年初便从乐山调往成都，后来和可嘉的联系渐渐少了，只是时不时翻阅旧物，回想起过去的学生们，当然也包括可嘉。我在心里默默祝福着渐渐长大的学生们，愿他们拥有自己美好的人生。

七

多年以后再见可嘉，是2007年左右的一个晚上。当时我回乐山看望岳父岳母，可嘉闻讯专门来看我。虽然好多年没见过可嘉了，但她似乎变化不大，还是那么漂亮，那么温和，当然比过去大方多了。

只是有一点让我不太“适应”，就是可嘉带来一个活泼可爱的小男孩，看上去五六岁吧，可嘉说这是她的儿子。那一瞬间，我感觉思绪有些凌乱，没反应过来：可嘉不还是一个孩子吗？怎么也有了自己的孩子？稍微清醒一下头脑，反应过来了，人家可嘉都三十多岁了，当妈妈不是很正常吗？

我想，可能许多当老师的人都和我一样有一种错觉吧！多年后再见学生，无论他们长到多大，在我们眼中，都依然是天真活泼的孩子。

可嘉对孩子说：“这是妈妈的老师！”小家伙很有礼貌地说：“李老师好！”记得当时可嘉很是焦虑，觉得孩子太调皮，好动。我对她说，孩子这个年龄不调皮倒不正常，要在尊重孩子天性的基础上慢慢引导他。我送了她一本《爱心与教育》。

后来孩子的成长证明，可嘉是一位好妈妈。注意，所谓“好妈妈”并非意味着她培养出了“著名”的这个或那个，不是的，我是说她以平常心陪伴着孩子一起成长，帮助孩子找到了属于自己的人生道路。

我觉得目前社会之所以浮躁，许多家长之所以焦虑，正是因为不能接受孩子的普通，都渴望孩子能够出人头地，做“人上人”。其实，只要所有的爸爸妈妈都能以寻常心看待孩子，陪伴孩子，帮助孩子，让孩子一生健康、善良、正直、有教养，能够自食其力，并以自己的方式服务社会，这样的家长，就是最好的家长。

我之所以把可嘉看作我优秀的学生之一，就是因为她是一个好妈妈，她对教育孩子有着理性的认识。她说：“现在的教育把所有的孩子往一个‘出人头地’的方向赶，所有的父母都巴不得自己的孩子‘成龙成凤’，这背后的原因或许是每个家庭都把全部希望寄托于自己的孩子身上；也或许是因为中国人一直以来信奉‘万般皆下品，唯有读书高’这一理念；再或许是因为社会竞争激烈，孩子不读一个985、211，就无法找到一份体面的工作。如您所说，教育有100种可能，每一个人都有不同的个性、天赋、机遇，每一个人都有属于自己的人生位置和幸福，我所理解的这种教育就应该是顺势而为，帮助每一个孩子成为更好的自己。”

关于对自己儿子的教育，她在写给我的材料中有这样的记录——

我的孩子是个男孩，从小古灵精怪，精力旺盛，在他成长的岁月里，发生了很多让我烦恼不已的事情，被老师请家长是家常便饭，不足为奇。在很长一段时间里我一直觉得他有多动症，甚至带他到华西医院看过儿科医生，直到医生说他能静下来做他感兴趣的事、读他喜欢的书就不是多动症，我才松了一口气。

儿子读幼儿园小班时，有一天下午幼儿园老师语气焦灼地给我打电话，让我立即到幼儿园一趟。我不知道发生了什么事，匆匆请假后就往幼儿园跑，到了一看，天哪！此时的天空正下着雨，一群小家伙却拿着小水杯在园区的操场上你推我挤地疯跑，全部淋成了落汤鸡。孩子的班主任老师正跟在这群孩子的屁股后面声嘶力竭，看到我到来，老师没好气地说，快管管你的孩子……直到把孩子们安顿好以后，我和儿子一起站在墙角接受“帮助”时，我才知道发生了什么事情。原来下午孩子们午觉睡醒后，天空下起了绵绵细雨，我的儿子突发奇想，想要尝尝雨水和保温杯里的水味道有什么不一样。趁老师不注意，他拿着小水杯跑到雨中，就着雨水干了一杯，可能是觉得味道不错，他跑回教室向同学们大力宣传这天赐好水，然后所有的小朋友都跑到雨中用小水杯接雨水喝。我儿子还发明了好几种接法，让大家用衣服上的小帽子接，脱掉鞋子接，总之小朋友们全部玩得不亦乐乎，老师无法控制局面才给我打了电话。后来的事不用说都可以知道，我和儿子被“帮助”了很久很久。

读到这里，我不由得感慨，孩子们多可爱呀！可嘉的儿子多聪明啊！他们对世界的好奇，正是大人们应该竭力保护的创造性源泉。我两次去丹麦考察幼儿教育，这事如果发生在丹麦的幼儿园，老师们会鼓励孩子们的行为，绝不可能批评孩子，甚至连家长一起批评。一个只有500多万人口的丹麦，却有13位诺贝尔奖获得者，人均世界第一！从这里，我们看到了中国教育和丹麦教育的差异。

随着儿子进入小学，他的奇思怪想就更多了，当然我去学校的次数也就更多了。入学第一天，上课时间到了，所有同学都回到教室里等待上课，唯独他继续在学校河边的小草地上堆泥巴，拒绝进教室，班主任老师找到他时他还振振有词：“我的温暖的小屋还没有搭好。”发生在他身上的这类特立独行的事情特别多，以至于我长期身心疲惫，只要接到孩子班主任的电话就情绪紧张，忧心忡忡。在这种身心俱疲的情况下，每次他“闯祸”后，回家都会被我们轻则吼叫呵斥，重则“笋子炒肉”……渐渐地我发现孩子不爱跟我分享他的校园生活了，不愿让我陪他玩喜欢的游戏了，甚至有时候都不愿听我对他说话了，晚上睡觉还会在梦里大叫几声：“我不，我不！”我知道我的教育出问题了，孩子和我之间最珍贵的亲情没有了，我惶恐不安，却又束手无策。

八

可嘉曾经有过的家庭教育误区，是许多家长都经历过的。我们的老师和家长，常常用自己的眼光去看孩子，用成长的标准去束缚孩子，而忘记了尊重孩子的精神世界。一切都必须整齐划一，所有孩子都必须听话！为了达到这个目的，陶行知当年所批评的现象一直在重演，就是学校老师和孩子父母联合起来压迫孩子！

直到有一次，我带他到您家里，希望您能给我支着儿，您还记得吗？当时您和孩子非常温和地交谈，孩子回家后说："李老师是妈妈的老师，但他一点都不凶，一点都不像老师。"当时您给了我一本《爱心与教育》，读后我陷入了沉思。

有天下午，我又接到了孩子老师的电话，让我去一趟学校。领到"圣旨"的我又急匆匆去到老师办公室，看见孩子正垂头丧气地站在桌旁，孩子的数学老师怒气冲冲地指着一张孩子的试卷："你看看，你儿子的半期考卷，做成了什么样子！"我定睛一看，这是一张数学试卷，是简答题，每道题下面都有工整的回答，每道题旁都画了代表正确的红钩，那就是全对了，做得很好呀，我带着心虚，小声问老师："这全对有什么问题吗？"老师哼了一声："全对？你翻一面看看！"我翻到试卷的背面，天哪！干干净净，一道题都没有作答。"看到了吧，你儿子觉得自己全部都会做，所以简单的计算题干脆不做！这是什么行为！必须好好教育！"在一阵阵老师的批评声和我的附和声以后，老师以斩钉截铁的口气告知我："必须尽快把他这个毛病纠正过来！"领着孩子回家的路上，我没有吼叫，没有批评，反而破天荒地问孩子肚子饿不饿。

我至今都记得儿子当时受宠若惊的小表情，在饱餐了一块蛋糕后，孩子轻轻摸了摸我的手："妈妈，您不要生气，我不是故意不做的。"我用鼓励的眼光，微笑着看着他："那是为什么呢，能给妈妈讲讲吗？"儿子受到了鼓励，接着说："我做得慢，如果从头往后做，大题的那面我就做不完了，但大题的得分最高，我就想先做有大题的那面，再做前面，但是等做完后面，铃声就响了。"看我没有像往常一样批评他，儿子接着说："但是我保证我做了的题全是对的，一道题都没有错，因为我做得慢，我检查了的。"看着他涨红的小脸蛋，我突然明白了，我的孩子就是这样的存在，他是一只慢吞吞的蜗牛，有自己成长的规律，着急是没有用的，逼着他非要和其他同学一样，甚至为了让他给自己争面子而强迫他做不愿意做的事情，是没有太大意义的。明白以后，有关儿子的事，我尽量让他自己拿主意做决定，然后把各种可能的后果都告诉他，成功失败都由他自己慢慢体会个中滋味，而我只需尽力成为孩子成长路上温和的引路人。

读到这里，我特别感动！可嘉真的是一位优秀的母亲，她理解孩子，而且一直在精神上尊重和陪伴孩子。"有关儿子的事，我尽量让他自己拿主意做决定"，这就是在培养有独立人格的未来主人，而不是圈养终生依赖父母的"巨婴"。尤其难能可贵的是，可嘉明白了自己作为母亲最重要的责任是"尽力成为孩子成长路上温和的引路人"，还有多少父母至今都没有明白这个最基本的道理啊！因此，不少父母至今还在替"应试教育"助纣为虐，就毫不奇怪了。只是可怜了孩子！

儿子现在已经在读大学，学习的道路上，充满了波折和艰辛，并非事事如愿，但儿子却说非常感激他的妈妈，因为我尊重他，理解他，哪怕在世人的眼光中不算成功，不算优秀，但这段属于他自己的人生，独一无二，我给予了他思考权、决定权，这是很多跟他同龄的孩子没有的经历，他感到非常开心，他请我放心，他知道以后的路更要自己独自去闯，他充满信心！

九

什么叫“优秀”？

在一般父母眼中，“优秀”的人就得当大官、发大财，或有显赫的社会地位……总之得是“人上人”，至少得是邻居羡慕的“别人家的孩子”。可惜这样的“优秀”者永远是个别，更何况有时候为了实现这种“优秀”，所付出的代价很可能是孩子天真烂漫的童年和纯真无瑕的童心。

原《人民教育》杂志总编、教育部国家督学傅国亮先生曾发问：“为什么我们的家庭教育培养不出正常的儿童？”这个问题问得真好！所谓“正常的儿童”就是普通的孩子，如果一个家庭培养出的孩子，能够如当年陶行知所说：“滴自己的汗，吃自己的饭，自己的事自己干！”这样的孩子，就叫“优秀”！

“我给予了他思考权、决定权，这是很多跟他同龄的孩子没有的经历”，这样的母亲就是优秀的母亲；“他请我放心，他知道以后的路更要自己独自去闯，他充满信心！”这样的儿子就是优秀的儿子！

虽然我眼中的可嘉依然是一个可爱的小姑娘，但她毕竟长大了，成熟了。她对我说：“岁月匆匆，转眼我已经人到中年，上有老人下有孩子，老人已经年老体弱，疾病缠身；小孩尚未进入社会，未来不定；而我自己每天被工作和生活填得满满当当，不知不觉中，容颜老去，白发已经爬上发梢，才明白时间如白驹过隙，弹指一挥间。现在的我比年轻的时候多了一份恬淡从容，努力珍惜身边的一切，步入中年，也唯有中年，才能既体会从青葱到成熟的滋味，又能把握当下沉淀喧闹的人生！”

对此，我坚信不疑。

2018年7月21日，应学生的请求，我回到乐山一中为在乐山的历届学生上了退休前的“最后一课”。可嘉也来了。

下课时，全体起立，唱响了当年由谷建芬老师谱曲的班歌《唱着歌儿向未来》：“蓝天高，雁飞来，青青松树排成排。我们携手又并肩，唱着歌儿向未来……”

我看到，可嘉也精神抖擞地唱着，意气风发，那纯真的眼神一如当年。

可嘉，童心可嘉，青春可嘉，人生可嘉。

孙波：我的欣慰与遗憾

一

我还记得那天是2021年12月20日。我应吴镝的邀请，参加他公司的一个活动。

关于吴镝，我在拙著《教育的100种可能》中写过他的成长故事。他原是国航飞行员，后来又创办了一家财富公司。当年我教他时，他就品学兼优，可以说是出类拔萃。今天，他在事业上有这样的成就，我一点都不意外。

我刚坐下不久，正在听嘉宾发言，突然看到我的公众号“镇西茶馆”上有一条长长的留言——

敬爱的李老师：您好！我是玉林中学初中1998级5班的孙波，可能您不记得我了，我应该是您教过最差的学生了。虽然您教我们时间不长（如果不是学校突然换班主任，一直是您教我，我中学毕业应该没问题），但您是我一生中遇到过最最最好的老师，感谢您当年为我们几个差生操碎了心。我还记得当年您跟我们几个差生说，只要我们几个这段时间表现好就找个周末带我们去玩一天。到了那天您真的带我们去了。后来才知道晴雁还在家里发烧，但您我们是好的事，就要做到。我们做到了，您无论如何也要做到。这件事我一生都不会忘记，您对我们这些差生的好我一生都不会忘记。我当年生日时您送我的同学录我也一直珍藏着。最后真心祝您身体健康，长命百岁！感谢！

由于打字错误，“但您我们是好的事”一句不通，他的意思是“但您跟我们说好了的事”。

他还附了几张照片，都是当年我带他们几个“捣蛋大王”去公园玩的照片。还有一张是我送他的生日礼物，好像是笔记本还是影集之类。扉页上有我写的几行字——

孙波：

祝你生日快乐！

愿你尽快懂事，少让老师操心。

你的朋友　李镇西

1996年10月13日

那一刻，我的眼泪一下蓄满了眼眶。

真是巧合，眼前的吴镝和二十五年没有见面、突然给我发来信息的孙波，当时正是老师眼中的两个“极端”。吴镝所在的班集中了全年级成绩最拔尖的孩子，而孙波所在的班则是全年级乃至全校集中“差生”最多的班，而我同时担任这两个班的班主任，并教语文。当时，吴镝显然是“优生”，孙波当然是

“差生”。但我都爱着他们，因此二十五年后，他俩都记得我，并感谢我。

不一会儿，轮到我上去发言了。

我说：“吴镝是我优秀的学生，我为他今天取得的成绩感到骄傲。但我还要说，我所有的学生，都是我的骄傲。就在几分钟前，我收到一个学生发给我的信息，我在这里给大家读一读。”

我读着读着，就忍不住流泪了。读完了短信，哽咽着，久久说不出话。

稍微平复了一下情绪之后，我介绍了孙波当年的情况。然后我说：“和吴镝比起来，也许孙波的人生没有那么耀眼，但他现在并没有像当年某些人以为的那样走向邪路，而是用自己的双手养活自己，这不也很好吗？每一个孩子都有属于自己的发展道路和人生历程，教育有一百种可能。不同的学生或许职业不同，收入不同，地位不同，贡献不同，但只要善良、正直、勤劳，并以自己的方式自食其力，服务他人，贡献社会，在人生的天平上就是等值的。”

活动继续，但我的心情却无法平静，我的思绪老在现场活动和当年往事之间切换，眼前老是浮现出当年孙波调皮的模样，虽然二十五年后的今天，我如果在大街上猛然碰见他，多半是认不出的。

二

读过我的《教育的100种可能》的朋友，应该对里面一个叫“张凌”的学生有印象。这个孩子当年堪称“差生”中的“极品”，如今却是四川省足协的教练。而孙波，正是张凌的初中同班同学，且是铁哥们。

人们常说“物以类聚，人以群分”，孙波能够成为张凌的铁哥们，可以想象他们的调皮捣蛋程度至少是一个重量级的。也可以想象，当年，他俩是怎样让我操碎了心。然而许多人无法想象的是，那个班上，可不止一个两个“张凌”和“孙波”，而是有一群“张凌”“孙波”——十多二十个全年级最令人头疼的“差生”。

读到这里，读者是不是有点同情当年的我了？

关于这批“极品差生”的表现，以及我是如何与他们打交道的，我不想多说。一方面，大家可以自由想象（用今天的话来说叫“脑补”）他们的“恶劣表现”，你们无论怎样想象，估计都不会太离谱。另一方面，我在不少文章和著作（比如《爱心与教育》《走进心灵》《做最好的班主任》等）中对这批学生都有过充分而形象的描述，有空大家可以自己去看。

写这篇文章时，我在微信上问当年孙波的班长戢实同学：“现在回想起来，你对当年的孙波有什么印象？”

戢实很快发来信息（看来，对孙波的印象是不需要“回忆”的）——

我对孙波的印象是，他的外表就透露出一种“街娃儿”（注：四川方言，即痞子的意思）气质，这种气质主要体现在两个方面：一是穿着打扮，他喜欢穿不适合我们那个年龄段的成人夹克，还是花的那种，裤子是西裤，背的不是书包，而是单肩的挎包吊在后腰位置，鞋子也不是运动鞋，而是皮鞋，发型是三七开的偏分，还要打摩丝，总之，如果你不认识孙波，第一眼看见他都会避让着走，不敢和他有正面接触；二是言语和体态，脏话时刻挂在嘴边不说，语气也显得很老练，很有古惑仔电影里“混混”的味道，走路也驼着背，吊儿郎当的，总之，完全是一个街娃儿形象。喜欢打架，跟其他班的“小混混”天天混在一起是常态。这就是我对孙波最深刻的印象，要让我想出他一点点优点，说实话我还真的有点想不出来。但正因如此，他如今的变化才是最让人惊喜的！

这段文字，的确非常真实地展示了孙波当年的“风采”。

无论他们如何令我头疼，甚至有时令我气急败坏，在和他们相处的日子里，有一条底线我是绝对恪守的：任何情况下，都绝不体罚这些学生。虽然有很多时候，我被他们气得握紧了拳头，但从未砸出去过。

不但如此，为了激励他们一点一滴的进步，我可谓煞费苦心，其中，有两条“妙计”效果明显：

第一，填“报喜单”。每当新学期开始，我便印制好一叠“学生进步报喜单”，都是固定格式：

×××同学的家长：你的孩子×××本周表现良好，进步突出，特此通报，请予以奖励（建议给予适当的物质奖励）。谢谢！

李镇西

然后在每周末全班评选“本周进步最大的同学”，把“报喜单”发给当选者，让他们带回去向家长报喜。

当时，孙波也常常获得“报喜单”，回家向爸爸妈妈报喜。家长接到这样的“报喜单”是非常感谢我的。记得我有一次去孙波家家访，他妈妈说：“以前我娃儿读小学时就很调皮，我从学校老师那里听到的经常都是他又犯错误了，可现在李老师让他带回报喜单，我为他的进步感到高兴。谢谢李老师，您费心了！”

无数例子证明，对转化“差生”而言，正面激励永远比批评惩罚更有效。

第二，游玩。我常常利用节假日，邀约班上的“差生”一起去公园或野外游玩。当然，更多时候，我是把这样的活动当作对他们进步的奖励。孙波在给我的留言中说到的我周末带他们去玩，指的就是这件事。他说当时我女儿病了我却还带他们去玩，我原本已经忘记了，不过，他一说我也就想了起来。是的，就在要带孙波他们几个学生去玩儿的头天晚上，女儿突然发烧，但我答应过孩子们，不能食言，于是我让爱人照看女儿，我带着孙波他们去了公园。没想到，这事孙波一直记着。从孙波发的照片看，当时我和他们在公园玩得特别开心，他们还给我买了“跳跳床”的票，说要和我一起跳。照片上，我们确实跳得很开心。那次我还和他们在草坪上摔跤，我的裤子都摔破了。

当学生忘记我是他们的老师而和我一起摸爬滚打时，我的教育已成功了一半。

我从来没有打过他们，也没有用侮辱人格的语言骂过他们——严厉批评当然是经常有的。因此，孙波觉得我和他遇到过的其他老师不一样。他因此而尊敬我，直到现在。

三

写这篇文章的时候，我翻了翻自己保存的学生作文，很遗憾，没有找到孙波的作文，但找到了他当年的小伙伴黄佳和赵杰的作文。有两篇作文记录了当年我为了鼓励这群“极品差生”进步而带他们去公园玩儿的情形。

赵杰的作文题目是《游杜甫草堂》，全文如下——

初一的时候，我们十来个调皮大王常常违反纪律，让各科老师头疼。李老师就一次次耐心地教育我们，并对我们说：“如果你们能改正缺点，表现进步，我就带你们去玩。”于是，我们都尽量克制自己，努力遵守课堂纪律。老师和同学们都说我们有进步。因此，李老师决定星期六就和我们一起去游杜甫草堂。

星期五放学时，我对李老师说："把您的女儿晴雁一起带到杜甫草堂玩吧！"李老师说："好吧。"于是，晚上在家里准备东西时，我专门为晴雁妹妹带了一瓶饮料和一块蛋糕。第二天起来一看，昨晚下了雨，路上比较滑，但我们还是早早地骑车来到杜甫草堂。等了好一会儿，李老师一个人来了，我问他："晴雁妹妹怎么没来呢？"他说："晴雁病了，有点发烧。"我听了心里很感动，就把饮料和蛋糕交给李老师，李老师却怎么也不收。

由于才七点钟左右，不但杜甫草堂的大门没开，连寄存自行车的地方也没人。我们费了九牛二虎之力才在离杜甫草堂大门三四千米的地方找到一个停车处，又在外面等了很久，草堂大门才打开。

进了草堂，以往那热闹的景象完全没有了，我们眼前是一个十分宁静的园林。所有的服务店铺和游乐场都还没有开张，李老师便带着我们去幽静的竹林小路上散步。我们都想紧挨着李老师，于是我和孙波便争着往李老师的旁边挤，差点打起来。李老师说："出来玩，就应高兴嘛，打什么架？这样吧！赵杰在我左边，孙波在我右边。"于是我们不打了，跟着李老师往杜甫住的茅屋走去（注：当年孙波和赵杰为了"争宠"而差点打起来的情景，我至今印象很深）。

一路上，李老师给我们讲了一些关于杜甫的诗歌。我听不太懂，但有首我记住了，至今没忘。我记得当时李老师对我们说："我们走的这条路，说不定当年杜甫也走过呢！那时，这路的两旁开满了花，花是一个叫黄四娘的人种的。杜甫很喜爱这条开满鲜花的小路，便写了一首诗。诗是这样的：'黄四娘家花满蹊，千朵万朵压枝低。留连戏蝶时时舞，自在娇莺恰恰啼。'"

和李老师一起逛完旧居后，我们又来到游乐场。我、黄佳、孙波请李老师和我们一起去玩跳跳床，李老师却说他要和刘东一起划船。过了一会儿，我们见李老师上岸了，便拉李老师到跳跳床上面去。李老师说："那是小孩子玩的，我一个大人上去像什么话！"黄佳说："李老师，不要紧！你上来嘛，我们把票都给你买了，你不来钱就浪费了。"于是李老师便把鞋脱了爬上了跳跳床。我们高兴极了，尽情地在跳跳床上狂跳，抒发着自己的欢乐和兴奋。李老师也好像回到了童年时代，和我们一起又蹦又跳，累得满头大汗！

跳完后，我们又来到茶园。这时已经是中午，大家有点饿了，便吃了一些蛋糕和快餐面。李老师又买了几碗茶，拿出一副扑克牌，叫我们和他一起玩。但在茶园玩了没多久，我们这些好动分子实在坐不住了，便丢下李老师，冲出茶园，跳上湖边的小船。我们不停地划呀划，划累了，就躺在船里，任船漂动；我们还时不时把脚伸入水中"噼噼啪啪"地打水，要是哪个同学大叫一声"有鳄鱼"，我们就会吓得把脚"嗖"的一声缩回船内。

转眼到了下午五点多，李老师和我们一起离开了杜甫草堂。大家心里很不情愿地蹬着自行车回家，李老师对我们说："快半期考试了，你们一定要争取在学习上有进步。等你们又有了新的进步，我再和大家一起到公园玩。"大家又高兴起来，一路上回荡着我们爽朗的笑声。

在笑声中，我忍不住背起李老师刚教我们的诗歌："黄四娘家花满蹊，千朵万朵压枝低。留连戏蝶时时舞，自在娇莺恰恰啼。"

从这篇文章看，他是这群"差生"中基础相对较好的一位。当然，主要是因为有真情实感，所以这篇文章记叙清楚，语言通畅，还有些抒情味儿呢！

四

黄佳的作文题目叫《在新华公园的草坪上》，文中有这样的段落——

去年夏天，李老师带我们基础组进步大的同学一起去新华公园玩，在公园里的一块草地上，我们和李老师展开了一场惊险而有趣的斗鸡比赛。

斗鸡开始了，首先是由孙波和李老师较量。平时，孙波挺能斗，可今天一到李老师面前他就开始打抖。而李老师却很轻松，只见他双手抱住右腿，左脚一跳一跳地冲过来，嘴里喊着："小心，我来了！"孙波招架不住，几下就被李老师"踩扁"了。

……

李挺是一个魁梧高大的人，他对李老师说："李老师，来！我才不怕你呢！"李老师说："好！来就来！"于是两人都提腿跳了起来。他们不停地斗着，跳着，不分胜负。突然，大家听到"嗤"的一声，原来是李老师的裤子撕破了，但他好像不知道，只管斗李挺。渐渐地，李挺招架不住，败下阵来。

这件事已过去很久了，可当时的笑声现在还在我耳旁回旋。

黄佳这篇文章勾起我"伤心"的回忆：那天，我拖着纷飞的裤腿骑车回家时，大街上不少行人吃惊地看着我，很是尴尬。但我也很高兴，因为学生看得起我，而且把我当作他们中的一员。

还有一篇题为《抄书的感想》的作文，是刘东写的——

本人学习成绩和纪律都不好，上课听不懂。李老师为了让我也能学点知识，又不影响其他同学，就对我采取了特殊措施——让我上课抄小说。

开始，我恨李老师，觉得他很讨厌。我自己不想学，大不了上课不说话，干吗让我抄书？抄的还是《烈火金钢》一类的长篇小说，真是气人！一天要抄作文本三页，1000多个字。起初我很不愿意抄，但为了应付李老师的检查，我不得不抄。我最开始抄的时候，并没有注意书中的内容，只是想快些抄完就去玩。

但后来我就开始认真抄了，不仅书写工整，同时也注意了书中的情节，还有点感动了。又想到自己在校的表现的确不尽如人意，细想一下还是我的不对，我也不应该怪李老师让我抄书，相反我还得感谢李老师，谢谢他帮助我改正了书写潦草和纪律差的缺点。

现在，《烈火金钢》抄完了，李老师又让我抄革命烈士诗集《囚歌》。

这篇作文很短，但中心明确、语句通顺、没有错字，我只改了七个标点。能写出这样的作文，对刘东而言，可以说是创造了奇迹。我在办公室念这篇文章时，同事说："这个娃儿的《烈火金钢》没有白抄！"而刘东给我的《烈火金钢》手抄本，我珍藏至今。

因为写孙波而翻出这么些旧作文，又引出了其他几个调皮娃儿的事。此刻，我不禁在心里呼唤：赵杰、黄佳、刘东……你们现在在哪里？什么时候你们也能像孙波一样，来看看已经渐渐变老的李老师？

五

很遗憾，后来因为种种原因，我未能继续当他们的班主任，只是上语文课。孙波后来与班主任发生激烈冲突——很难说班主任有什么错，总之，后来孙波一气之下，便不来上学了。就这样，初中没毕业，他就自动辍学了。

从那以后，我就再没听到他的任何消息了。

但这么多年来，我经常想起孙波。每次他们这个班的学生聚会，我都要问："有没有孙波的消息？"大家都摇头。

我每次都在心里叹息：孙波，你在哪里呢？你现在过得还好吗？

万万没想到，完全猝不及防，孙波突然就出现在我的微信公众号后台留言中。

我当即回了简单的几句话："太想念你啦！真的，我经常想孙波！马上加微信！"

其实我的微信好友早就加满了，无法再新加朋友。但孙波是一定要加的，于是我删除了一个久不联系的"僵尸粉丝"，腾出名额加上了孙波。

我在微信上说："你今天留言说的这些，我好多都忘记了，包括我送你的生日礼物。"

他回复我："您遇见过太多的学生，可能忘记了，但我一生都不会忘记您。因为我太爱您了！您是我遇到过最最最好的老师。"

我说："等我忙过这段时间，我们好好聚聚，好好聊聊。"

他说："好的。我等您。"

然而，后来我一直在忙，没能抽出时间单独请孙波吃饭。但我心里一直记挂着这件事，只是让孙波一等再等。

直到前天，吴镝约我吃饭，我一下想到了孙波，便把孙波一起叫上。

本来约的是十二点钟在一家餐馆相聚，我提前十分钟来到餐馆门前，正准备进去，一人从店里走了出来，我以为是里面的工作人员，结果走到我面前他突然叫了一声："李老师！我是孙波。"

啊，原来是孙波。我紧紧握住他的手，仔细端详他，说："如果是在大街上猛然碰到你，我可能认不出来，但多看几眼，嗯，其实没多大变化，只是长大了，稍微有些胖。"

他说："我十点半就到了。"

我大吃一惊："啊，来那么早？"

他说："我必须早点到，肯定不能让老师等我。"又说："李老师，自从去年12月您说要约我，我就盼着这一天。这一等就等了八个月啊！"

我一下有些内疚了："不好意思，不好意思！怪我，怪我。"

不一会儿，吴镝夫妇带着孩子也来了。他俩虽然以前不在一个班，但因为都是我教，所以彼此都有印象。

我说："今天的聚会真有意思，一个是当年最令老师欣赏的优秀学生，一个是当年最令老师头疼的后进学生。但今天，你们俩都是我的骄傲！"

一坐下来，我说："孙波啊，你那天给我留言时，给我看了我当年送你的生日礼物，我太感动了！你居然一直保留着。"

"那当然，我肯定要一直保留！我从来没有收到过老师的生日礼物，您是第一个。"他说。

六

接下来，孙波滔滔不绝，好像要把憋了二十五年的话一股脑儿全说给我听："说实话，对我来说，很难和老师有这么一种关系，就是像朋友一样的关系，我也很难像尊敬您一样尊敬其他老师。这是我的心里话。我和您只相处了一年多，但我学了很多东西。我当时成绩也不好，我说学了很多东西，意思不是我的成绩提高了多少，而是说，我至少在认真学。”

我也实话实说：“那时候你们真的不爱学习啊！我是想尽了一切办法让你们上课坐得住。”

他说：“是呀，我还记得，我们这一群成绩差的学生上课听不进去，您就给我们每人发一本书，叫我们抄。我记得您给我的书是《钢铁是怎样炼成的》，叫我上课认真抄。我那时候在很认真地抄书，一边抄一边了解书中的内容，把字也练好了。”

我当时为了让这些学生上课不影响别人，确实有让他们抄书，但孙波抄的是什么书我倒是忘记了。

他又说：“您对我们也很严格，我犯了错误，您也批评我，但我们感觉得到您是爱我们的，是尊重我们的。对我们这批成绩差的学生，您说，你们表现好，我就带你们去公园耍。后来您真的兑现了，再后来我们才知道，您女儿晴雁当时生病了。我好感动啊！那是我第一次感受到了老师的温暖。所以我运气好，遇到了李老师。我们差生是很少能受老师待见的，但您这么优秀的老师，对我们却特别好。我们那时候确实不懂事，李老师没有嫌弃我们，对我们好有耐心啊！所以我一直记着您。”

我问：“你是怎么想起跟我联系的呢？”

“我其实关注李老师很久了，包括关注您的微信朋友圈，后来又看您的‘镇西茶馆’。”他说，“其实那天给您留言，我鼓了很大的勇气。因为当时成绩不好，我现在就不好意思跟您联系。那一天我坐在家里翻以前保留的东西，翻着翻着，一下子看到那个生日礼物，便想给李老师留言。李老师会不会理我这个书都没读完的差生？我也没有想到李老师会回复我。我当时留言，纯粹是抒发我的心情。留了言后，我又担心李老师是不是已经忘记我了，我这么差的学生，李老师还会记得我吗？还有就是，我怕李老师误会我：这么多年不联系，怎么突然联系了？是不是有娃娃要读书，想找李老师帮忙？”

“你想多了，哈哈！”我说，“如果你确实有娃娃要读书，我能够帮忙肯定会帮的，两码事。”

吴镝说：“李老师看到你的留言时，正在我公司参加活动。李老师发言时读了你的留言，感动了现场许多人。这是当天活动中最令人感动的事。”

孙波继续说：“我一直期待今天的见面。我很早就起床了，十点过就到了，我不能让李老师先到等我。为什么李老师您在我心中很重要？就是因为以前的点点滴滴都一直在我心里装着。我觉得以前没有人理我，但很幸运遇到了您，您对我那么好！”

他说了一件我完全忘记了的事：“当时，学校有一个学生偷自行车去卖，有老师怀疑我也参与了。他们跟您说，您没有简单地相信他们的话，而是找我了解情况。后来我说清楚了，您就相信我。但如果换一个老师，会认为我成绩差表现差，那些坏事肯定是我做的。但您对我没有偏见，很公正。您了解到不是我干的后，还对我说，对不起，误会了。我感觉到了李老师对我的信任和尊重。”

七

我说：“这不是一个老师应该做的吗？我只是做了应该做的。真的，我只是做了我应该做的，居然让你很感动，这是我没想到的。”

“您觉得是该做的，但您这样的好老师我以前真的很少遇到过。”

其实，他说以前很少遇到过好老师应该是他的错觉。当然，他的这种错觉也是真实的，可以理解。因为他小学时特别调皮，成绩又不好，自然受到的批评和处罚要多一些，他说有些老师见到他就想整他一下，可能刚好是他犯错了，而老师估计不够耐心和细致，处理略显简单甚至粗暴，所以他觉得自己很少遇到过好老师。

孙波初二没读完就辍学了。因为当时没当他的班主任，不便过于干预继任班主任的事，的确对他关心少了，所以他辍学的具体原因，我一直不是太清楚。当时认为不过就是成绩不好，无法继续学习了，便回家了。

我问："你究竟是为什么不继续读书了呢？"

他说："我完全不能接受后来的班主任，他动不动就骂我，当着那么多人的面，太伤我的面子了，有一次实在太过分，我就和他起了冲突。这事闹大了，我干脆不读了。"

不知道当时老师为什么要那样做，估计孙波确实惹老师生气了，老师有些冲动，没想到青春期的孙波更冲动。

孙波说："您教我们的时候我们每一个同学的座位都是轮流转的，无论表现和成绩如何，总之每一个同学都会轮流坐好的座位和不好的座位，这样很公平。但后来的班主任，只安排成绩好的学生坐前面，成绩不好的坐后面，而我，就被固定安排坐在后面的垃圾桶旁边。"

是的，当时确实有些老师不喜欢孙波他们这一群"差生"。甚至有人认为，他们将来别说扫马路没人要，甚至有可能成为道德品质低下的人。然而，二十多年过去了，"孙波们"并没有成为那样的人。

我对他说："你当年并不是不好，只是太调皮。不过，你也要理解以前的老师，他们也是为你好，是恨铁不成钢啊！毕竟你当时太调皮了。"

他说："我反正始终觉得，您对我的影响很大。您不会因为我成绩不好表现不好而看不起我，这就是今天我们能够坐在一起吃饭的原因。我今年四十岁了，从来没有和老师坐在一起吃过饭，李老师是第一个。我等这一天等了很久，对我来说，老师就两种，一种叫李镇西，一种叫其他老师。您曾经教过我就是我最幸运的事！现在只要和朋友摆龙门阵说起老师，我就会很自豪地说，我的李老师很优秀，你们可以去网上查李镇西。虽然我没读完书，但我的老师很优秀。”

二十多年后，能够听到当年的“差生”这样当面评价自己，我无法不感动。

八

我说：“我也说实话吧，当年你呀，张凌呀，还有赵杰、刘东、黄佳等同学，确实让我操碎了心。但还好，你们总算还服我管。”

他说：“您在我的心目中一直很高大，跟着您我还算是认真学了点东西的，还是很努力的。”

我笑了：“哈哈，但当时在我眼里，你们一点都不努力。”

“但起码在您教我的那一年中，我是想过要好好读书的。我也是尽了力的，比如您要我抄书，我就认真抄。成绩跟不上，这是天生的。起码在您的管理下，我上课没有违反纪律。”

我又乐了：“你在认真抄书，被书中的故事吸引了，哪有时间违反纪律？”

他也不好意思地笑了。

我问了一个我最关心的问题：“我送你的生日礼物，我都忘记了，你怎么还保留着呢？你难道没搬过家吗？”

他说：“李老师，您不知道，这礼物对我来说太珍贵了。每个学生过生日您都送礼物，但我却只收到过您的生日礼物。所以不管搬了多少次家，我都没丢，一直好好保存着。”

老师的一言一行，将在学生心里留下多么深刻的印象啊！不管是一个轻蔑的眼神，还是一道热情的目光，学生可能都会记一辈子。所以，为师者不得不慎重。

在聊天的过程中，我对孙波说我要写他的故事。他一再对我说：“我的经历很普通，没啥拿得上台面的，我没做什么值得您骄傲的事。”

我对他说：“什么是让我‘骄傲’？只要善良、正直、勤劳，就是让我骄傲的学生！”

孙波长大后，先是当司机挣钱，后来又和朋友去深圳创业，开了公司，父亲去世后，为了照顾年迈的母亲，他又回到成都，和几个朋友开了公司。当然，目前大的经济环境不景气，他的公司也面临一些困难，但无论如何，他能够靠自己的勤劳与智慧养活自己，同时服务社会，这不也很好吗？

他说：“您要我去当教授，我不会，但我一样可以用自己的劳动养活自己，这并不可耻。”

“对头，毕竟你学会了做人。你看你现在，有孝心，懂礼貌，知感恩，遵纪守法。”我又半开玩笑半认真地说：“当年的《钢铁是怎样炼成的》可没白抄！”

他说：“是的，当年《钢铁是怎样炼成的》我都抄完了，后来又抄《红岩》。”

我想到当年和孙波同班并同样调皮的另一个学生张宇航，在一次聚会上他对我说：“当时我们这个班被很多老师看不起，但这么多年过去了，我们没有一个人犯法乱纪。”

我真的是这样想的，我们的学生，能够成为科学家、艺术家等名人的毕竟是个别，而绝大多数都是遵纪守法、自食其力的好公民，孙波正是这样的好公民。

因此，他依然是我的骄傲，至少我为他的今天而感到由衷的欣慰。

九

但是，如果孙波当年在求学的不同阶段，能够遇到不同的好老师，他的人生会不会比现在更好？

孙波初中都没毕业，这不能不说是一种遗憾。虽然，学历并不能说明一切，但知识的重要性不言而喻。不能因为孙波和与他当年一样的那一群“熊孩子”现在还算平安而且生活还算不错，我们就否认读高中、考大学的重要性。除非他像张凌会踢足球一样拥有一项出类拔萃的特长，但我们的学生中，张凌是少数甚至个别，而多数孩子还得通过不断学习来为将来的人生发展奠定基础。

如果孙波能够读完初中并继续读高中甚至考上大学，无疑会为他后来的人生发展提供更有利的条件。

但这主要不是孙波能够决定的，一些教育者总是习惯于把某些学生的失败归因于他们自己：“谁叫你不努力的？”

任何人的成功都离不开自己的努力，这是毫无疑问的，问题是，某些不合理的教育，总会让一些人无论怎么努力都是“白费蜡”！当我们要求孙波与像吴镝这样的“优生”获得同样的考试分数时，他所得到的只能是一次次自卑，最后干脆放弃学习。

在《关于和谐的教育的一些想法》中，苏霍姆林斯基这样写道：“……不要让上课、评分成为人的精神生活的唯一的、吞没一切的活动领域。如果说一个人只是在分数上表现自己，那么就可以毫不夸张地说，他等于根本没有表现自己。”

我们现在一些老师施行的教育不正是这样吗？——“上课、评分成为人的精神生活的唯一的、吞没一切的活动领域”，可你让千千万万的“孙波”怎么办？他们怎么可能在分数上表现自己？

我再次想到苏霍姆林斯基的话——

> 教育的实质就在于使一个人努力在某件事上表现自己，表现出自己的优点来。在某种好的东西中来认识自己——善于支持人的这种高尚的志向是多么重要啊！教育者往往在那么长久而痛苦地寻找的那种自我教育的强大推动力，不是就在这里吗？应当在心理学讨论会上提出这个问题：人的表现问题……怎样才能做到，使人尽量地努力在好的方面表现自己呢？我深信，一个人想在某个好的方面表现自己的愿望越深刻、越诚挚，他在内心对自我纪律的要求就越高，他对自己身上不好的东西就越不肯妥协。

是的，“使一个人努力在某件事上表现自己，表现出自己的优点来”，这就是真正的教育。

我们一些老师实行的教育，是否让“孙波们”“表现自己”了呢？

还是伟大的苏霍姆林斯基，他曾这样说过——

> 一个人一生命运的复杂性，有时也是悲剧性就在于：虽然“草稿”里蕴藏着成为一个独特的个人的各种素质——卓越的才能、禀赋、倾向性、天才——但是负责对这一“草稿”进行加工，以便使其变得更为美好的人，却反其道而行之，他用自己那双笨拙而又漫不经心的手把草图中美好的东西弄得丑陋不堪。

这次和孙波同桌吃饭的有北大硕士、飞行员吴镝，他倒是被教育得很好，这是应该的，作为他的老师我为他自豪；但我们一些老师是否将“孙波们”“草图中美好的东西弄得丑陋不堪”了呢？

教育的责任、智慧与人道主义情怀的体现，就是教育者（包括教师和家长）对每一个孩子的“草稿”进行精心加工，使之既拥有完整的人格，又拥有属于自己独特的成功与幸福。

所以，我四十年的教育生涯是充满遗憾的。只是，这个遗憾，不仅仅属于我，更属于我们教育同人！

从这个意义上说，我和一些老师或许是对不起千千万万个“孙波”的。

郑姝：爱的传承

一

2021年10月18日上午，南京钟山宾馆。为纪念陶行知130周年诞辰而举办的培养“大先生”研讨会在这里举行。

我刚走进报告厅，一位女教师模样的人走过来说：“李老师，我想和您合个影！”

我当然乐意。经常在外面碰见我的读者这样热情地邀请我合影，我总是很感动。于是我说：“好呀好呀！”

合完影，她说：“李老师，我是您的学生郑姝。”

啊？我脑海中立刻闪过一个可爱小姑娘的面孔，再仔细看看眼前这位女教师，嗯，的确是长大了的郑姝。我情不自禁握住她的手：“是郑姝啊！我差点没把你认出来。你也当老师了？”

她点点头，说：“嗯，是的，我在成都市第十一中学教书。”

我问：“教体育吧？”

“不，我教英语。”她笑了。估计是笑我猜错了。

这再次让我吃惊，她当时在班上是一名体育健将，所以一听说她当老师了，我就顺理成章地认为她应该是一名体育教师。

郑姝是我在成都市玉林中学所教初中1998届5班的学生。小学毕业，郑姝作为体育特长生考入了玉林中学，当时那一届的特长生共有三十多名，我幸运地成了郑姝的班主任和语文老师。这次重逢聊起当年，郑姝对我说："我特别庆幸进入玉林中学，然后被幸运地分到了5班。之所以幸运，是因为遇到了我的引路人——李老师您！"

师生双方都为遇到对方而感到幸运，这就是彼此的幸福。

二

我问郑姝对当年初中生活印象最深的是什么，她说："是第一次见面时，您作为见面礼送给我们的一句话——让人们因我的存在而感到幸福！当然，印象深刻的事还有很多。我们在府南河边种下银杏树，我们在大礼堂唱响班歌，您带着我们背上行囊于蒙蒙春雨中走在乡间的小路上……太多美好的记忆了！"

我的相册里，至今保存着我和她的一张合影。那是在学校运动会上，她参加短跑比赛后拿着奖状和我一起拍的。当时，每次学校开运动会，郑姝都是我班主力。

我至今保留着周应全同学写的一篇题为《在第九届校运会上》的文章，文中关于郑姝有这样的记载："郑姝同学带病为我班争得女子100米短跑比赛的亚军，女子跳远比赛的冠军，而且还和其他几位女同学组成了'四朵金花'，获得了女子4×200米接力赛的冠军。"

王燕青这样回忆郑姝："（她是）一个个子高高的、安安静静、大气端庄的女孩子。但是，她居然是一名体育尖子生，在中长跑、跳高、跳远等项目中都是年级的佼佼者。每年校运会，郑姝都是我们5班的骄傲，至少收获奖牌三枚。我特别喜欢她在运动场上的状态，大而有力的步伐，轻盈又极具爆发力的弹跳，一跑一跳中，头顶的马尾辫在空中飞舞，整个人像小精灵似的，我仿佛看到了飞扬的青春里所有美好的样子。不仅仅是体育突出，郑姝的学习也不赖，英语成绩特别棒，我感觉所有学科里她最爱的就是英语，英语老师也特别喜欢她。很多年后，知道她成了一名中学英语教师，我一点也不惊讶，我觉得挺适合她的。她有着那么好的性格，那么好的脾气，那么顽强的品质，不当老师可惜咯！总之，少年时代的她，就是一个让人特别放心的孩子，懂事、温柔、细心、刻苦。”

当年的郑姝就这么牛，难怪我听说她当老师了，就想当然地以为她是体育教师。

三

郑姝不仅体育突出，学习成绩也不错，王璟同学一提起郑姝，想到的不仅仅是她体育棒，还有“学习也很好”，他说：“我记得郑姝经常戴着耳机听英语，本来以为她会当体育老师，结果成了英语老师。”看来，误判郑姝的还不止我一个人。

郑姝学习成绩好，和她很注重总结学习方法有关。她曾在班上和同学们作交流，我至今还保存着她的交流稿，题目是《各门功课方法不同》——

现在，大家都为考试而头疼，没考好，不仅家长老师要批评，而且自己的心里也不好受。下面，我就给同学们介绍几种学习的方法，以便大家在考试时取得好成绩。

第一，学习政治并不是一味地死记硬背。政治课的作业其实并不多，有时甚至没有，所以上课听讲很重要，当场就要理解消化。你理解了就可以用自己的语言正确表达出来，不用硬背课本，但书上的专有名词一定得背，这样一来，政治考试就不成问题了，也可以减少复习的压力。

第二，初二年级新开了物理课，学习的新东西比较多，当堂的内容一定要记牢，不能往后推，因为物理每天都有新内容，没掌握的知识太多了，后面自然就学不好。老师在课堂上讲过的例题，下课后自己不妨再仔细做一遍。这样会加深印象，从而更好地掌握知识。

第三，语文是最基础的学科，学语文要做到“三多”：多看课文里的生难字词；多看提示和课后注释；多做书上和课外的练习，认真写好每一课的预习笔记。学习语文不仅要关注课堂上的知识，还要注重平时的积累。多读课外书籍，扩大自己的知识面，有时，也可以抽时间看看电视、杂志和报纸，这样既可休息放松，也能对语文学习有所帮助。

第四，至于英语和数学，自己要多动脑筋，要多做题并掌握一定的做题技巧，像选择题中的比较法、排除法等，一定要会灵活运用。老师平常分析试卷时都会顺带告诉学生一些好的做题方法，我们要用心听、记，并运用好这些方法。比如做几何题时，添辅助线是一种重要的手段，在“三角形”一章中，经常借助造全等三角形的方法来解决一些线段或角相等的问题，应用全等三角形的性质来迁移题设条件及弥补题设之不足，从而达到目的，是一种有效的学习方法！

如果大家都认真地照上面的方法去做了，我想，成绩一定会有所提高的！

郑姝为人朴实，心地善良，从没见过她和哪个同学闹过矛盾。但性格温和的郑姝，担任体育委员时，对同学却很严格。二十多年过去了，戢实同学一回忆起郑姝，便说：“郑姝在我的印象里有些像男生的性格，骨子里透着股韧劲儿，平时不怎么爱说话，但做事很认真，工作严肃，主要体现在当体育委员的时候，我们男生都有些怕她。”但是，戢实也承认：“每次开校运会的时候，她就是我们心中的女神，定会为我们5班争得荣誉。”

四

郑姝对我的印象是什么呢？

在我保存的历届学生资料中，有一篇郑姝当年写我的作文，题目是《语文老师印象记》。文章不长，全文如下——

刚刚踏进玉林中学的大门，我似乎觉得很陌生，接触的是新老师、新同学和新的学习环境。

第一天开学，便有一节语文课。上课前，大家都在猜想着语文老师的模样，是否很“凶”，等等，我也在想：这位老师布置的作业多不多？严不严格？有没有幽默感？一串串的问题在我的脑子里打着旋儿。一会儿，上课了，我们端坐好，等待着老师的到来……

这时，走进来一位三十岁左右的男教师，个子不高，戴着眼镜，倒显得他文质彬彬，衣着朴素，看起来与一般人差不多，一进教室便用普通话向大家问好。这时，我猜想他一定是我们的语文老师。起立过后，他向我们介绍他自己：“我姓李，名镇西，大家都叫我——李镇西！”他夸张地读出自己的名字，抑扬顿挫的语调引得全班同学哄堂大笑。从此之后，我们的教室里总会传来一阵阵爽朗的笑声。李老师时常把我们逗得哈哈大笑。这就是我对李老师的第一个印象——富有幽默感。

李老师还经常利用语文课的时间给我们讲课外知识，有时还读小说，教我们唱歌，教我们怎样做人，等等。上他的课真是很轻松，他什么都知道，真可谓“上知天文，下知地理”。这就是我对李老师的第二个印象——博学多才，能说会道。

如果你问我们班谁最有威信，大家都会异口同声地说道：“李老师！”的确如此，对我们班最严的要数李老师。一次地理课，班上纪律很糟糕，地理老师多次强调后仍然无效，最后这件事让李老师知道了，他生了很大的气，让我们静坐反思半个小时。当时看见李老师那样生气，就连最调皮的同学也都坐好听李老师讲，还有不少同学都惭愧地低下了头。这就是我对李老师的第三个印象——严格。

李老师经常教导我们，做一个好学生的关键是言行相符。于是我们在李老师的教育下，逐渐走向了成熟：早晨进教室不闲聊，自己预习功课；自习课上无人看管，仍然很安静；考试实行无人监考，却没有一位同学作弊；班委负责，“平民”努力……取得这些成绩，老师付出了多少心血，同学们努了多少力！

我相信，在李老师的带领下，在师生团结合作的基础上，我们班将会拧成一股绳，继续走向辉煌！

五

回到成都，我给郑妹发去了那张她拿着奖状和我合影的照片，没想到她很快也发给我一张她和现在的学生的合影。照片上，郑老师也和拿着运动会奖状的女生合影。那一瞬间，我仿佛感觉时光穿越，两张师生合影重叠了。

几天后，郑姝在微信上给我发来消息，希望我去她班上给她的学生上一节课。我当即答应，因为我也想去她的学校她的班看看，看看当年的小姑娘郑姝现在是如何当中学老师的。

我到达成都第十一中学时，离上课还有一些时间。郑姝带着我转校园，当时正是银杏叶黄的季节，叶子飘飘洒洒铺到地上，遍地金黄。

郑姝说："当年李老师带我们种的银杏树也有这么高了。"

我说："是呀，一晃二十五年过去了。"

我和郑姝一边转悠，一边聊着过去。

她说当年的语文课让她耳目一新："我第一次知道语文课还可以这样上，原来语文应该这样学！"

"是吗？"我已经记不太清楚了，"我是怎么上的啊？"

郑姝说："您让我们每个同学都准备一个语文学习本，语文课前，您要求我们全面地预习：通过查字典等方式自主学习新课涉及的生字词，然后把自己对文章的理解和不明白的地方写在语文学习本上。"

我想起来了："是的。我的想法是，你们能自己解决的就自己解决，这样也能培养你们的能力。语文学习本来就是自己的事。"

"所以，在您的语文课上，我们不会像过去一样只是完成书上的练习和操练生字词，而是听您绘声绘色地朗读小说，学习小说主人公的精神。"她说，"您教我们写作文也很有意思，您还记得吗？为了让我们把人物描写得更生动，您带着我们走出校门，去到菜市场，观察菜市场来往的行人……"

我笑了："哈哈，这个我记得。我就喜欢把语文课搬到菜市场、油菜花地、河边，因为社会和大自然是最好的语文老师！"

"后来，读高中和大学时，我也常常使用这些方法坚持自主学习，收获满满。”郑姝说，“而今回想当年李老师的教学方法，我觉得真是受用终身，您独特的教学方式让我真正学会了自主学习，学会了思考。您的语文课有创意，您在课堂上有激情，所以那时候，我和同学们都盼着上您的语文课呢！”

我说：“让学生喜欢我的语文课，正是我几十年的追求。”

郑姝说：“这也是我的追求。就像您经常把我们带到外面去上语文课一样，我的英语课也常常不在教室里，而是在学校的德馨园里。孩子们坐在台阶上，沐浴在暖阳里，她们听得更专注，学得更愉快。”

六

我问郑姝现在她这个班的情况，郑姝说：“我教的是女生班。”我有点吃惊：“女生班？全部都是女生吗？”

她解释说：“我们学校是一所女子实验中学，如今每个年级都有女生班。”

哦，原来如此。我又问：“带这样的班不容易吧？”

郑姝说：“由于生理的不同，女生和男生表现出来的行为也会有许多的差异。相对于男生来说，女生情绪更容易波动，更易敏感和脆弱。所以，做好女生教育的第一步就是要有足够的耐心，要能够走进她们的心灵，获得她们的信任，帮助她们成长。”

这对我来说，倒是一个新课题。当了一辈子的老师还没带过这样的班，我很想一探究竟，便问郑姝：“针对女生这些特点，你具体是怎么做的呢？”

她说：“我在班上设立了‘心里话信箱’，学生有什么心里话都可以通过字条和书信的方式告诉我。心里话信箱架起了我和学生之间沟通的桥梁。她们犯了错，我一般不会厉声批评，而是找她们谈心，了解她们的想法，从而进行有效的疏导，并告诉她们以后遇到类似情况应该怎么做。长此以往，她们信任我，把我当成了她们的朋友。”

“嗯，让学生信任你，这是做好老师的必要条件。”我说。

她接着介绍说：“我班上大多数女生的原生家庭都有些特殊情况，比如父母离异、兄弟姐妹多、父母文化程度不高等，受这些因素的影响，她们往往内向胆小、不自信，学习、生活习惯糟糕，不自律，迷茫，没有人生目标，等等。我想方设法地在班上开展各种活动——从每学年开学时给孩子们的一封信到英语课堂上的值日生报告、英语小组的对话表演、冬日暖阳里德馨园的英语课，再到形式多样的班会课，或是带着孩子们走进社区、为社区服务，请往届学姐和家长们讲述励志故事……开展所有这些活动都是希望她们能找到自己的方向，并为她们提供展示自己的舞台。”

我大加赞扬：“太好了！符合学生特点的活动，是所有教育的载体！”

“是的，是的。”郑姝继续说，“每次活动结束，我总会绞尽脑汁地从不同角度对她们进行肯定和鼓励，慢慢地她们脸上的笑容多了，也更自信了。我总希望无论是我的英语课堂还是其他活动都能充满奇思妙想，给她们惊喜，让她们期待。”

“哈哈，你这个老师当得比我还好呢！”我说。

“李老师又开玩笑了，但能得到李老师的表扬我很开心。”她说，“我们不光搞活动，还有活动后的总结会。”

“哦？说来听听。”

郑姝继续兴致勃勃地说：“每次大型活动比如运动会、艺术节结束后，我班都会开展一次集体评议的总结会。大家敞开心扉、畅所欲言，分享在本次活动中自己为班级做了哪些好事，哪些地方值得表扬和肯定，还有哪些地方需要改进。此外，哪些同学的行为让自己感受到了幸福，哪些同学还做得不好需要注意。在一次次的集体评议中，班级形成了积极健康的舆论导向，班风始终朝着良好的方向发展。”

“太棒了，太棒了!”我忍不住再次赞叹。

七

“还有，我认为最好的教育便是自我教育，这也是我曾经的亲身感受。”也许是因为我的鼓励，郑姝越说越详细，“我班每个孩子都有个反思本，用于记录自己每周的变化。这周好的变化有哪些？自己的哪些言行让身边的同学感受到了温暖和幸福？还有哪些不足？另外，班上哪些同学的哪些闪光点值得自己学习，哪些同学的不足需要改进？这样，通过每周的反思，孩子们进行了直击心灵的对话，她们能自信地肯定自己的优点，也能勇敢地面对自己的缺点，不断地修正和完善自己，最终成为更好的自己！其实，培养女孩儿就像养花，你需要时不时地给她培土，捉虫，然后静待花开。”

我说：“哎呀，郑姝，你这个班主任当得比我好，真不是夸张，的确是的哦！”

她说：“可我的好多方法都是您当年用过的呢！比如反思本，让学生自己审视自己，鼓励自己，否定自己，超越自己。这都是向您学习的呢！想起来，我还有许多做法都受到了李老师您的影响。”

“您特别注意鼓励同学们战胜自己，我就是在您的鼓励下有了当众演讲的勇气。”她讲了一件事：“当时您对全班同学说，每个人都要敢于站在台上表达自己的观点。于是，‘一分钟演讲’变成了班级的必修课。可我从小就是一个胆小且不自信的人，也不善于表达自己，更不敢在众人面前阐述自己的想法，课堂上除非迫不得已，我是绝不会举手发言的。如果被老师提问，我不仅会面红耳赤，还会声音颤抖，双腿打闪。然而，我却不得不面对这‘一分钟演讲’。我提前很久开始做准备，但到了那天，由于过度紧张，我竟然忘词了！站在台上乱七八糟也不知道讲了什么，匆匆结束后便灰溜溜地回到了座位上，等待您的批评。但是您对于我的忘词一字未提，不仅没有批评我，反而让同学们给我鼓掌——因为我勇敢地站上了讲台，我战胜了自己！我突然觉得好像站在台上也没那么难了，于是就有了第二次、第三次……现在回想起来，正是当初您给我提供锻炼的机会并不停地肯定和鼓励我，才让我有勇气再次站上讲台，才让我后来有勇气成为一名老师，而且还比较受学生欢迎。”

八

我说：“你说的这些我都忘了。”

郑姝说：“但您鼓励学生的做法，我现在也经常用。”

她给我讲了一个学生的故事：“这个班的学生初一进校没多久，我就注意到了一个女生上课老是打瞌睡，作业乱七八糟，成绩更是惨不忍睹……我找她谈过心，可是并没有多大收获。无意中，我发现她画画很好，真的好。我想这是一个重要的突破口。经过了解，我知道了原来她从小就喜欢画画，而且拿过不少的奖项，直到现在都一直坚持每周学习画画。有一天，我对她说：‘你画得真好！以后有什么打算呢？’她说：‘我想学画画。’我鼓励她：‘好主意！那你一定要努力，争取以后有机会进入专业院校学习，这样你就会有更大的收获！’我突然灵光一闪，问她：‘你画得这么好，要不我在年级给你办个画展，让我们年级更多的同学来看看你的画，怎么样？’她不但同意，而且很高兴。经过商量，我们决定在周五的中午举行画展。那天她一早便来到了学校，当她把厚厚的一叠画交给我的时候，眼里闪着光。中午画展时，每一幅画前都挤满了观众，许多人都赞叹画得真好。从那以后，她上课再也没有打过瞌睡，做作业也比以前更认真了。”

“表扬的力量是无穷的，有时候让孩子看到自己独一无二的优势，会让他产生向上的巨大力量。”我说，“你一定有不少教育学生的故事，应该及时写下来。虽然可能微不足道，但你的教育思考、经验，包括教训，都在其中，久而久之，这些点点滴滴的文字就蕴含着你的教育智慧，也构成你成长的足迹。”

郑姝笑了，说：“有的有的。李老师，我写的故事虽然没您多，但也写了一些。今晚我发给您看看，您帮我指导指导，继续当我的老师！”

九

不知不觉，上课时间到了，我赶紧跟着郑姝来到她所教的初三（1）班。一走进教室，小姑娘们便热烈鼓掌。我向孩子们挥手，表示感谢。

环顾教室，我一眼就看到了墙上的一幅字：“让人们因我的存在而感到幸福”。这是我教郑姝时送给他们的一句话，也是当年我班的班训，现在也成了郑姝所带班的班训。那一刻，我感到一种特别的温馨。

面对小姑娘们亮晶晶的眼睛，我说：“今天我之所以来这里给你们上课，是因为你们的郑老师是我的学生，我是从1995年9月开始教她的。那时候她就是你们这个年龄，也和你们一样可爱。只是没想到，二十多年过去了，她也成了一名老师。我想了解一下，我这个学生现在当老师当得如何，请大家给我说说，你们觉得郑老师怎么样啊？”

学生们没有思想准备，一时有点冷场。

我说：“是不是因为郑老师在场，你们不好意思说啊？那请郑老师回避一下，这样，同学们就可以畅所欲言了。”

同学们都笑了。笑声中，郑老师也笑眯眯地走出了教室。

我说："这下可以说了吧？我是你们郑老师的老师，我就希望知道一个真实的郑老师。不管是她的优点，还是缺点，我都希望听到。"

女孩们开始举手了，然后一一回答——

"郑老师很关心同学！"

"郑老师的课上得很好！"

"郑老师风趣幽默！"

"郑老师对我们要求很严格！"

"郑老师喜欢和我们一起玩儿！"

……

渐渐地，教室里面手臂如林。但如果继续让孩子们说下去，我的课就没时间上了。

于是我说："这样吧，回家后，把你们对郑老师的印象写在纸上，然后给我，好吗？"

小姑娘们纷纷点头，表示同意。

因为是初三的孩子，我决定给她们上一节班会课，主题是"做最好的自己"。

十

开始上课了。我先给孩子们讲了我教过的几个学生的成长经历，讲这些学生当年的故事，也讲他们现在的事迹。当年的中等生成了著名作曲家，当年的"调皮大王"成了四川省足球教练，当年内向害羞的小姑娘成了摇滚歌手，当年成绩拔尖的学生成了飞行员……我告诉孩子们，每一个人都是某一个领域的天才，关键是要做最好的自己。然后我送了大家三句话。

第一句话：我们和他们不一样！我说："所谓'我们和他们不一样'，展示的是一种精神自豪感。这里的‘我们’，指的是每一个有理想、有追求，向往真善美的同学；这里的‘他们’，是指那些没有理想，甘于平庸，甚至甘于堕落的同龄人；这里的‘不一样’，是指精神境界和行为习惯不一样。我们的追求是什么？从远处说，是这一辈子要做一个健壮、正直、善良、睿智的有出息的人；从近处说，是要争取三年后考上符合我们自己个性和发展方向的高一级学校。有了这些追求，在行动上，自然会不同于那些浑浑噩噩的同龄人。我们应该在三年中，随时提醒自己：‘我们和他们不一样！’”我讲到了我曾教过的一个叫邹冰的学生，讲我怎么用“我们和他们不一样”来激励当年表现不好、成绩很糟的邹冰不断上进，最后拿到大学文凭成为一名国航调度员的故事。

第二句话：战胜自己！我说：“所谓‘战胜自己’，意味着要随时和自己‘过不去’。其实，我们每一个同学都是有上进心的，但往往缺乏毅力，就是管不住自己。怎么办呢？那就要‘战胜自己’！任何一个人的灵魂深处都有两个‘我’：高尚的‘我’和卑下的‘我’，勇敢的‘我’和懦弱的‘我’，勤奋的‘我’和懒惰的‘我’，认真的‘我’和敷衍的‘我’……这两个‘我’随时都在打架，如果高尚的‘我’战胜了卑下的‘我’，那你就战胜了自己！”关于这一点，我讲了三十多年前我教过的一个叫杨嵩的学生的故事，讲杨嵩曾经缺乏毅力，但在“战胜自己”这四个字的激励下，不断超越自我，最后保送复旦大学，现在是一名优秀的企业家。

第三句话：让人们因我的存在而感到幸福！我说：“我一走进教室，就看到墙上写着这句话，我感到无比亲切。”然后我和同学们讨论这句话的含义。在讨论中我说：“所谓‘让人们因我的存在而感到幸福’，就是你要让班上的每一个人都因为有你这个同学而开心。谁有了困难，你第一个走到他的身边：‘别着急，有我呢！’他会因你而幸福；自习课上，你安安静静地学习，周围的同学会因你而幸福；做清洁的时候，你为班上争得一面流动红旗，全班同学因你而幸福；运动会上，你奋力拼搏，为集体赢得荣誉，我们都因你而幸福；你上课积极思考，课后认真完成作业，老师会因你而幸福；在家里，你孝顺懂事，勤于做家务，爸爸妈妈会因你而幸福！做一个给别人带去幸福的人，你自己也会很幸福！”我讲了我的学生给我带来温馨和快乐的故事，同学们都被感动了。

最后我说：“无论现在还是将来，我希望每一个同学都是独一无二的最好的自己。也许不是最美丽的，但可以最可爱；也许不是最聪明的，但可以最勤奋；也许不会最富有，但可以最充实；也许不会最顺利，但可以最乐观……也许不能成名成家，不能名垂青史，但可以成为同行业中千千万万普通人里最好的那一个！”

同学们用掌声表达她们对我的感谢。走出教室后，许多小姑娘还追上来，手里拿着书或小本子请我给她们签名。我一一满足了她们的愿望。

然后，我、郑姝和全班同学在校园里一棵金黄色的银杏树下拍了一张合影。那一刻，我感觉自己回到了1995年的秋天，而眼前的孩子们，正是当年刚进初中的郑姝和她的同学们。

十一

几天后，我收到孩子们写给我的文字——

郑老师的爱无处不在。一次体育课上，我们跑800米，累得我上气不接下气，整个人都头昏脑涨。等我拖着疲惫的身体慢慢地爬上楼时历史课已经开始了。我趴在桌子上喘着大气，老师正在讲课，同学们都在认真地听讲。我从未经历过这种痛，不断冒着冷汗。同桌突然提醒我说郑老师来了，但我的确是抬不起头来，心里又怕郑老师觉得我在课堂上睡觉，想到她一定会批评我，心里既慌张又难受。就在这时郑老师走到我跟前，轻轻地拍拍我，轻声地问我："你怎么了，哪里不舒服吗？如果不舒服的话就趴在桌上休息一下吧。"她温柔的声音中带着一丝丝焦急，像妈妈关心自己的女儿一样关爱着我。我同桌连忙解释说我是上体育课跑累了，休息一下应该就没问题了。郑老师见我慢慢地缓过来了才放心地离开，走之前还再三叮嘱我，要我多喝点水，有任何不舒服一定要告诉她。这一刻郑老师的问候让我感到无比的幸福。她不仅是一位认真负责的班主任，更是一位关心疼爱学生的好老师。写到这里我突然想起我们教室墙上的一句话："让人们因我的存在而感到幸福。"郑老师我想对你说，我因为遇到你而感到幸福。（李彦蓉）

年轻，漂亮，能干，有活力，是我对郑老师的第一印象。在我的认识里，郑老师就是一位顶天立地的人。即使再多的工作，再多的负担，都不会累垮她。但就是这样一位"坚不可摧"的老师，在那一次谈话中，我感受到她也只是一位普通女性。初二下半学期考试过后，大家都在争分夺秒地复习生物地理以备会考。当然奋斗的不只是学生，还有老师们。一次自习课上，郑老师将一些同学叫出去交谈，当然也少不了我。这是我少有的几次可以这么近距离地和郑老师交谈。一抬头，看见老师的面容我第一反应是，眼前这位女性让我感到陌生。额头上如枯树皮般的皱纹，苍老的面色和眼皮下乌黑的眼圈，都让我不敢相信，这是以往那个年轻美丽的郑老师。我明显感受到郑老师的憔悴，这让我对她的印象发生了翻天覆地的变化，我突然想到郑老师也只是一个有血有肉的普通人。她每天都在为我们的将来而操心，却没有注意自己的身体。

我认真地听着郑老师的话，内心暗暗发誓，这次一定要认真备考，为自己负责，也不让郑老师的付出白费。（谢林怡）

初一的时候，我们班有早读的课程，因为是语文早读，我觉得很无聊，于是呢，便开始做家庭作业，摘抄作业。当时同学提醒了我，我没听同学的，她一而再再而三地提醒我，我还是没听她的提醒，一如既往地写我的作业。因此，同学开始履行她课代表的义务，扣了我的操行分。想到辛辛苦苦挣的分被人扣了，我心里非常难过，于是趴在桌子上哭了起来。郑老师轻轻地拍了我一下，并叫我出去。她问道："你为什么哭呢？"我说："因为我在写家庭作业，然后同学扣了我的分儿。"郑老师说："这件事就是你做得不对了，是什么时间就应该做什么事，而不是在同一个时间做两三件事，这不现实。早读课就应该认真早读，提高自己的专注度，所以我认为你这件事做得不是很好。"我沉思了一会儿，明白了，这件事是我自己做得不对。于是，下课后我向课代表道了歉。在我心里，郑老师很懂女生的内心感受，她不会让任何一个同学受到心灵的创伤。我很幸运，在中学时期能够遇到这样懂我的老师。（范聆芝）

有一次，我衣服上的扣子掉了，正在我着急的时候，一个同学对我说："你去找郑老师，问问有没有什么办法可以帮你粘上去？"于是我去办公室找到了郑老师，着急地说："郑老师，我外套上的扣子掉了，我想问一下，您有没有什么东西可以把它粘上去啊？"郑老师说："扣子掉了？粘肯定粘不上去！等一下啊，我好像有针线，我找找。"随即，她在抽屉里面找到了一盒针线。然后，郑老师伸出手，说："来，把外套给

我，我给你缝。”我将外套递给郑老师，惊叹道：“郑老师，您居然还有针和线！”郑老师笑道：“我这里就是百宝箱！”（廖可欣）

作为老师，毫无疑问，她是优秀的。在她的课上，原本枯燥的英文字母，动了起来，活跃了起来。我们在课上唱英文歌，演话剧，做游戏，这一切都让我觉得学英语是一件很有意思的事，而我的英语成绩也是所有科目中最好的。她还是我们的班主任。作为班主任，管理四十多个孩子是很累的一件事，同时也是很难的一件事，偏偏我们还是一群女孩子。女孩子的心更容易受到伤害，这样一来，这个班就更不好带了。但她却从不轻易对我们大声说话，无论我们犯了多大的错误，她依旧是轻声细语、和蔼可亲地跟我们讲道理，让我们明白自己的错误，给我们改正的机会。在她这里，我才真正明白了“知错能改，善莫大焉”这个道理。同时，我也总能从她身上感受到母亲一般的关爱，她记得每个孩子的生日，并在我们生日的时候送上她的祝福和礼物。我还记得，“让优秀成为一种习惯”，便是她送给我的鼓励。她是良师，也是益友。十四五岁的年纪，正是我们成长中烦恼最多的时候，烦恼时难免会情绪低落，而这时郑老师便会像相知多年的闺密一般关心询问，我们将所有的烦恼倾诉于她，她便会恳切地给予帮助。（胥兰芯）

谈起郑老师，我就不得不说说2019年的9月1日，那一天是我和郑老师初遇的日子。还记得当时，我背着书包忐忑地坐在教室里，怔怔地望着台上那位年轻的女老师，她穿着一件浅色的T恤和一条长牛仔裤，高高的马尾翘在脑后，无不透露出温婉与阳光的气质。她清了清嗓子，微笑着说：“从现在起，你们就是一名中学生了。我想送给大家一句话：让人们因我的存在而感到幸福。”我当时并不怎么理解这句话，只是在心中默念了好几遍。后来老师问有没有同学愿意去搬书，同学们都很积极，晃着高举的手，争先恐后地说：“我去，我去！”郑老师很高兴，点了班上一大半的同学去搬书。我坐在角落里，神情有点失落，其实刚刚我也举手了，只不过我自小性格腼腆又不爱说话，所以并没有把手举得很高。“或许郑老师没有看见吧”，我在心里嘀咕着，这时一道身影半遮了身旁的阳光，我抬眼望去，只见郑老师正微笑着看我，她轻轻地问道：“这位同学，你似乎不太开心呢，有什么事你可以跟我说。”“谢谢老师，我没事。”我回答道。她沉思了片刻后又笑着说：“那你愿不愿意帮助那几位同学一起扫地？”听到这话，我高兴地站起身，笑着点头，向着扫帚大步跑去。后来我才懂得，正因为郑老师对每一位同学的关心以及那看似平常的话语，我才能从一个腼腆的女孩成长为一名拥有自信的少女。郑老师似乎一直都是这样细心，她像是有一双充满魔法的眼睛，为每一位同学送去温暖。（温润雨）

上次运动会前，郑老师鼓励我们一定要展现出自己最好的一面，去迎接我们初中阶段的最后一次运动会。拔河项目上我们虽然不如男生，但是我们的加油声和鼓励声永远是最多的。加油的瞬间我看到她一直拿着手机拍照，她不停地为我们加油，脸上的红晕渐渐显露了出来，脸上的汗水浸湿了头发丝，阳光下的她似乎带着光环！运动会成绩出来的那一刻，我们所有人都很震惊惋惜，但是我们从未后悔过，因为我们至少拼过。拔河时，尽管天气那么炎热，郑老师都一直站在跑道上焦急地跺脚，为我们加油，她一直都是我们的啦啦队，她一直都是那个给我们拍照时嘴角永远洋溢着微笑的朋友！（成双骄）

做郑老师的学生，最温馨的时候，是她和我谈心时。我还记得第一次去她的办公室，她对我说："我看了你的成绩，你的数学很好，但是你的文科优势不大，我有什么可以帮你？"后来，我每天的第一节英语课都会犯困，昏昏沉沉，她把我喊去了办公室，我害怕她会批评我上课睡觉，没想到她却这样说："你是身体不舒服吗？生病了要及时吃药，我有什么可以帮你……"之后她说了些什么，我记不清了，只记得当时，鼻子很酸，眼睛还润润的。"让人们因你的存在而感到幸福"，我经常想起郑老师对我们说的这句话。（长睿灵）

……

情透纸背。读着这样的文字，我想到了自己的学生，也为郑姝感到骄傲，她因有这样的学生而幸福。

十二

而郑姝的学生也因她而幸福。郑姝发给我一个故事，让我特别感动——

找回失落的童心

那是一个炎热的下午，我正在办公室备课，班长张同学急匆匆地跑进办公室对我说："我们卖废品的15元钱放在书包里，上完体育课后就不翼而飞了。"

我赶紧来到教室，让同学们立刻安静下来，并说道："张同学卖废品的钱不见了！"话音刚落，教室里便七嘴八舌议论开了："刚才体育课时，我发现我们班的前后门没有关，有可能是其他班的同学拿走的。”学习委员说道：“也有可能是我们班的同学拿的。”我补充道：“如果是哪位同学误拿了，请用信封装好放到我的办公桌上。”

然而，期待的信封并没有出现。

于是，我思考着如何“破案”。

下午快放学时，带上准备好的41个信封来到教室，我对同学们说：“我们每个人心里都住着两个我：一个高尚的我，一个卑鄙堕落的我，你要让高尚的你战胜卑鄙堕落的你！”我继续说道：“每个人都会犯错，犯错并不可怕，关键在于犯了错后能正视自己的错误，不逃避，然后下定决心改正，改正了就值得肯定。今天，我就请同学们写下从初一到现在自己所犯下的错误和做过的不光彩的事情，当你有勇气写出来时，那个高尚的你就战胜了堕落的你，也意味着现在的你和过去那个堕落的你挥手说再见……”最后我再一次强调不用写自己的名字。

孩子们点点头，便埋头开始写。写完后，我让她们把写的内容装进信封里交给我。

到了办公室，我拆开信封，感慨万分。

有孩子写道：“三载已过半，也不曾改掉恶习，这一次，是一份勇气，让我敢回忆，敢用自己的语言表达出来，没有直白的坦然，试图用苍白的文字掩盖。如此，便试着放开过往，用双手拉住师长放下来的绳索，一点一点努力，不抱怨，不靠他人，爬上去……”

有孩子写道：“我深知我有时也会犯一些错误，比如说，时不时就会在教室里吃东西，上课时会睡觉，有时也会借周围同学的作业抄，而且这学期明显比初一两个学期多得多……”

有孩子写道：“我前几天捡到了5毛钱没有上交，直接装进了自己的裤兜，我私自拿了同桌的卫生纸没有告诉她，我借了图书角的书没有还……”信封里，还有她提到的5毛钱硬币和两张卫生纸。

有孩子写道：“我作为心理委员，还经常在别人背后说小话；我其实带了两部手机到学校，只交了一部给宿管老师，另一部一直带在身上，明天我会两部都交上去……对了，都说完了，郑老师肯定知道我就是××了。因为诚心改过，我也不怕什么了。也就真的希望今后不做坏事，当个好人。”虽然我特意强调了不用写名字，但是仍然有很多孩子都写下了自己的名字。

……

读着读着，我忽然觉得好感动，这些孩子发自内心地都想做好人。她们好可爱。

其中有一封引起了我的注意：“对不起，拿了××卖废品的钱，我会在星期一之内（前）还给她，因为我身上没钱了。”

从字迹和语言我大致能判断是谁写的这封信了，但我装作不知道。第二天，班长就来报告说，不知道什么时候那15元钱又放在她笔袋里了。

我在班上大张旗鼓地表扬了勇于正视自己不足的每一位同学，还有15元钱已经找到的好消息。大家相视一笑，似乎每个人都轻松了很多。

沉睡的良知被唤醒，这是信任产生的奇迹。

十三

读着这则故事，感觉似曾相识。我赶紧从书橱里抽出我于1999年出版的《走进心灵》，里面记载了一个当年发生在郑姝这个班的故事——

请安徒生帮我“破案”

下午一放学，罗兰找到我：“李老师，我的《恰同学少年》不见了！”

《恰同学少年》是我为上届毕业生编的一本精美的“风采录”，现在初一不少学生也买了这本书。今天罗兰领到书后放进书桌里，便去上体育课了，可当她从操场回到教室，却发现《恰同学少年》不翼而飞了！

听到罗兰的“报案”，气愤中的我首先想到的是来个全班大清查。可是，从何清起呢？清不出来怎么办？清出来了又怎么样呢？“窃书者”毕竟是学生，难道从此让他在班上无地自容吗？……然而，此事不了了之又怎么行呢？至少也应该让学生们受到教育，让“窃书者”受到心灵的谴责啊！

正巧第二天要讲《皇帝的新装》，我略一思考，决定向安徒生“求援”，请安徒生帮我“破案”。于是，我开始重新设计教案……

课堂上，朗读、作者介绍、结构分析……学生熟悉课文后，我引导学生讨论：

“大家想想，这篇童话中，谁最可爱？”

学生们不假思索地齐声说：“那位小男孩！”

“为什么？”

学生们纷纷回答：“因为他说真话。”

“同学们说得很好。可是，为什么只有小男孩能说真话呢？”

“因为他诚实。”“因为他纯真。”学生们七嘴八舌。

“对！因为小男孩诚实、纯真！因为他有一颗——”

我一边说一边在黑板上板书了两个大字，同时全班学生不由自主地随之大声说道：

“童心。”

“是的，童心！小男孩有一颗童心，所以他说真话；大人们失去了童心，所以自欺欺人。”引申开去，我谈了很多……

面对学生们凝神专注的目光，我把话题拉回他们的身上：“一个人最可贵的是永远保持自己的童心，你们这个年龄正是童心容易失落的时候。小学时，你可能为没能第一批入少先队而哭鼻子，而现在你可能连红领巾也不愿戴了；以前，你也许常主动争取打扫卫生，而现在你却可能嘲笑别人做好事；原来，你损坏了公物会向老师主动认错，而现在你打碎了玻璃窗也许会庆幸没人发现……这些，都是童心的失落！”

我终于提到那本丢失的《恰同学少年》：“这本书是谁拿的，我无法清查，但我可以断定这位同学正在听我讲关于童心的道理。是的，这位同学的童心已经失落了，但我仍然衷心希望，他能用自己的行动把童心找回，我期待着，全班同学也盼望着！”

第二天早晨，我走进办公室，眼前豁然一亮，办公桌上正端放着那本精美的《恰同学少年》！

语文课又开始了，我站在讲台上手举那本《恰同学少年》对全班同学说：“我不知道是谁还回了这本书，这已不重要了，但我提议，请大家以热烈的掌声祝贺我们中的一位同学找回了自己的童心！”

在震耳欲聋的掌声中，我把《恰同学少年》还给罗兰同学。她接过书，对我说：“谢谢李老师！”我说：“不，我们都应该感谢安徒生！”

郑姝当年应该是知道这件事的，但她当然没有也不可能抄袭我这篇文章，我说“似曾相识”，是因为她对“15元事件”的处理与我的这个故事有一个共同的教育灵魂——对童心的信任。

十四

郑姝在她这则故事的前面，还专门写了一段文字——

如今，我也是一名老师了。我特别感谢当年李老师在我心中种下的许多美好。现在，我也想成为李老师那样的老师——让我的学生因我的存在而感到幸福！因此，对我的每一届学生，我都会把“让人们因我的存在而感到幸福”这句话作为见面礼送给他们，让他们继续温暖身边的每一个人。

这就是传承。